ヤマケイ文庫

「アルプ」の時代

Yamaguchi Akihisa
山口耀久

Y L
Yamakei Library

版画　大谷一良

「アルプ」の時代　目次

凡例

・本書は、『山と溪谷』誌に二〇〇六年四月号から翌年の六月号にかけて「『アルプ』豊饒の時代」のタイトルで連載されたものに、新たに調べた資料に基づく補訂を加えて成った。
・文中の「いま、現在」は、連載中の時点であり、その後の改筆中のそれではない。ただし文脈の関係から、連載終了後に起きた事項を二、三追加した箇所もある。
・旧仮名遣いの引用文は原文を尊重して、現代仮名遣いに改めていない。
・巻末に杉本賢治氏作成による主な執筆者の寄稿一覧表を付した。本文で触れられなかった執筆者の不備を補うものとして参照されたい。

第一章　時代の背景

『アルプ』という山の月刊誌があった。一九五八（昭和三十三）年に創文社から創刊され、一九八三（昭和五十八）年に三〇〇号を出して、その二十五年におよぶ刊行に終止符が打たれた。終刊に際しては、それを惜しむ好意的な記事がいくつかの新聞に掲載されて、小さな一雑誌としては異例の恵まれた終焉《しゆうえん》をむかえることができた。

人の場合と同様に物についても、それが失われてしまってから、忘れられるどころか、かえってその存在が確かなものになり、少なからぬ影響をその後におよぼすことがある。『アルプ』がその好例で、終刊後に、『アルプ』に掲載された作品の原稿を収蔵し展示する立派な美術館ができ、また『アルプ』の執筆者それぞれの、『アルプ』に発表した作品をまとめた個人的な単行本がいくつも上梓《じようし》され、さらに近年では、『アルプ』掲載の佳品を編んだアンソロジーが出版されたり、月刊誌『山と溪谷』が『アルプ』を回顧する特別企画を組んだりもした。

こうした事実からすれば、『アルプ』はまさにこの国の登山の文化遺産として評価されていると見做《みな》していいわけだが、わたしがそれを公言するのは、いささかためらう気持ちがないではない。私自身が『アルプ』の執筆者のひとりであったし、また途中から永らく編集委員のひとりとしてこの雑誌に係わっただけに、『アルプ』の業績を高く評価するのは自画自讃とうけとられるおそれがある。純粋に客観的立場ならどんな評価も許されるだろうが、内部に係わった者としては書きにくいこともある。『アルプ』という対象との距離のとり方が微妙なのである。

それで、ここではまず、『アルプ』が創刊された当時の登山における時代的背景を概観することから筆を進めることにしたい。

＊

『アルプ』の創刊が一九五八（昭和三十三）年であることは冒頭に書いた。のちになって考えると、この時期は戦後の登山の異常な高揚期であったことがわかる。一九五八年という年は、この高揚期でもとりわけ画期的な年だったといえるのである。

世の中が敗戦後の疲弊から脱して、経済的にも立ち直ると、国内の登山も活気をとりもどし、やがて戦前をもしのぐ盛況を呈するようになる。その最初のあらわれは日本山岳会による一九五三（昭和二十八）年の第一次のマナスル遠征であった。日本で最初のヒマラヤ八〇〇〇メートル級の高峰の初登頂をめざしたこの遠征は、しかし七七五〇メートルを最高到達点として、その登頂は不首尾におわった。

その一方で、地球の最高峰エヴェレストに戦前から執拗な挑戦を繰り返していたイギリスが、ついに宿願の登頂を果たして世界を瞠目させたのは、この年のことである。

翌年の五月、第二次のマナスル隊が派遣されたが、これはふもとの住民に入山を阻止されて、登山を断念。そしてその翌々年の一九五六（昭和三十一）年の五月に、日本山岳会の第三次の遠征隊がついに八一二五メートル（当時）のこの山の初登頂に成功した。

このマナスル登頂がもたらした国内の反響はすさまじかった。登山人口の爆発的な急増をうながし、登山の大衆化現象が一気に加速されたのである。毎日映画社が製作したドキュメンタリー映画『マナスルに立つ』が一般の映画館で上映されて、登山者のみならず多くの観客を動員した。映画のシーンはもうわたしの記憶からはほとんど消え失せているが、登頂の場面でナレーターの森繁久弥の声調《トーン》がぐんと高くなって思わず胸が熱くなったことを、いまでも憶えている。

この登山の大衆化の波に乗るかのように、井上靖の山岳小説「氷壁」の連載が朝日新聞ではじまるのは、このマナスルの年、五六年の十一月のことである。前年の一月に前穂高岳東壁で起きたナイロン・ザイル切断の遭難事件をもとにして、友情と恋愛のドラマを展開するこの小説は、ストーリーテラーとしての作者の力量が存分に発揮されて、連載中から大きな評判をよび、登山ブームとよばれる山登りの流行にいっそうの拍車をかけた。人妻との不純な愛を清算し、ザイルが切れたために墜死した親友の妹との純愛を実らせるべく、主人公の登山家は単身で穂高の滝谷にむかい、登攀中に落石に襲われて手記を遺して死ぬのだが、その結末をむかえるまえに、かれを死なせないでほしいという読者の熱い要望が編集部に寄せられているというはなしを、その辺の事情に通じている知人から聞かされたことがある。それほど、この登山家を主人公にした新聞小説は読者にうけたのである。

連載がおわった五七年、新潮社から単行本になって出たこの『氷壁』はベストセラーになり、翌五八年には、大映東京製作、増村保造監督で映画化されたりもした。

＊

このマナスル登頂成功がもたらした登山ブームと時期をおなじくして、登山界の第一線では、国内の岩場でかつてないほど熾烈な積雪期の登攀ラッシュが起きていた。国内の山の主な岩場のルートがことごとく登りつくされてしまい、新しい開拓の目標を失った戦後のアルピニズムの若い世代は、より困難な条件の登攀をもとめて、無雪期には登られていても積雪期にはまだ登られていない岩壁に目標をさだめて、果敢な挑戦を開始したのである。それは〝積雪期〟という限定的な形容を冠して、無雪期のそれとおなじく〝初登攀《はつとうはん》〟とよばれた。登山界の第一線に立つ若者たちが、数少ない難ルートの〝積雪期初登攀〟をねらい、〝初登攀争い〟とまでいわれる過熱ぶりを示した。それは、日本国内での近代登山がもっとも激しく燃えあがった時期であった。

登山史的観点からすれば、さきに書いたマナスル・ブームによる登山の大衆化の量的急増よりも、同時期におけるこの〝積雪期初登攀〟の輝かしい質的進展のほうが、より重要な現象であるにちがいない。

この〝初登攀争い〟の劇をもっとも先鋭なかたちでみせた一例として、前穂高岳北尾根第四峰正面壁の登攀がある。奥又白谷に豪壮な垂壁を落とすこの正面岩壁には、その初登攀パーティの名を冠した松高ルートと北条・新村ルートの二本のルートがあり、どちらも日本の岩場の屈指の難ルートとして、積雪期の登攀はまだなんびとにも許していなかった。

一九五七（昭和三十二）年三月、東京の紫峰山岳会のパーティは、この壁の北条・新村ルートの登攀をめざして山に入った。同会は五四年の三月からの三年間の冬に三度もこのルートにとりつき、三度とも無念の敗退を喫している。執念の岩壁だといっていい。四度目のこの挑戦で、なんとしても宿願のルートの登攀を果たすつもりであった。

ところが入山の途中で、目的のルートが半月ほどまえに名古屋山岳会と東京のアルムクラブの合同パーティによって登られてしまったことを知らされる。念願の四峰正面壁積雪期初登攀の栄誉を奪われてしまったかれらの失望は大きかった。奥又白のベースキャンプで、文字どおり正面に見える凄絶な岩壁を眼前にしつつ、かれらは迷った。北条・新村ルートが登られてしまった以上、あくまで〝初登攀〟にこだわるならば松高ルートに目標を変更すべきだが、雪の付いた松高ルートにかれらはふれたことがなかった。先を越されて第二登にはなるが、予定どおり、経験をかさねた北条・新村ルートを登るべきではないのか。未知の松高ルートにとりつくことは恐ろしい不安があった。しかし、やれるだけの事にやれるだけの力を尽くそう、という決意が、かれらを松高ルートの登攀にむかわせた。そして合計三日の苦闘の登攀で、この氷雪の岩壁の難ルートはかれらの手に落ちたのである。

結局、この年の三月、二つのパーティが前穂高岳北尾根第四峰正面壁の、二つのルートの積雪期初登攀に成功したことになる。

この年のおなじ三月には、谷川岳一ノ倉沢で滝沢の完登が行なわれ、この反響も大きかった。一九三四（昭和九）年の四月、日本登高会の二名のパーティが、滝の下部を埋める雪のデルタを利用して滝沢の初登攀を企て、氷雪の壁を登攀して壮烈な墜死をとげてしまい、以後この沢の積雪期登攀を試みる者はいなかった。技術的な困難よりも、雪崩《なだれ》の脅威があまりに大きかったのである。それが二十三年の空白ののちに、当時著名とはいいがたかった二名の若者の果敢な挑戦で、幾多の危難を乗り越えて一日で登られてしまったのである。かつての日本登高会の遭難事件が不吉な伝説のように滝沢に暗い翳をおとしていただけに、この登攀は一種衝撃的な讃嘆の念で登山界にむかえられた。

翌五八年の一月に行なわれた北岳バットレス中央稜の登攀も、〝積雪期初登攀〟の時代の大きな成果であった。この登攀が異色だったのは、それぞれに所属山岳会を異にする五人のメンバーが合同パーティを組んで、この難壁の積雪期の登攀に成功したことである。これは事後、第二次ＲＣＣという先鋭クライマーの新しい集団がうまれる契機ともなった。

そしてこの年の、街ではやがて春をむかえようとする三月に、『アルプ』が誕生するのである。

『アルプ』の誕生は、しかし以上述べたような時代の状況に直接影響されたものではない。登山の大衆化の盛況にそれほど影響されていないし、また影響をあたえてもいない。〝積雪期初登攀〟の熱気が渦巻く岳界の動向にもほとんど無関心であった。

＊

しかし登山界隆盛の時代の状況と『アルプ』の誕生とが、まったく無関係だったとはいえないだろう。新雑誌の発刊をうながす〝気運〟が時代の趨勢としてあったこと――そのことは、やはり無視することはできまい。それに、登山人口の急増が多数の購読者層として雑誌の存続を支えてくれる大きな力になりえたことも、また確かな事実だったと思われる。

そして、ここではっきりしておきたいことは、登山人口の急増といっても、それはあくまでも若い年齢層によるもので、ずっと後年になって起きるいわゆる〝中高年登山者〟の激増とは、あきらかに性質がちがうことである。さらにいえば、この新しい世代の大部分は、そのころ緒についたばかりの高度経済成長とその後の泡沫《バブル》景気の拝金主義と過消費の風潮にまだ毒されていない、健康な若者たちで占められていた。

この一九五八年という年には、『アルプ』に次いで七月、山と溪谷社から『岩と雪』が創刊され、朋文堂からは『ケルン』が復刊された。ほかにも戦前からの伝統をもつ『山と溪谷』、朋文堂のおなじく戦前から出ている『山と高原』、戦後にいちはやく正統アルピニズムの旗を掲げた中日新聞社発行の『岳人』があり、さらにほかにも、低山趣味の登山者を対象にした山と溪谷社の『ハイカー』、戦前の『ハイキング』を受け継いだ『新ハイキング』などがあった。まさに国内登山の最盛期を示す賑わいだったといってよい。

『アルプ』をふくむこの年の新しい三誌のうち『ケルン』は、戦前の六〇号まで続いた高度な研究・論考を内容とした月刊の旧『ケルン』とちがい、編集方針がふらついていて不定期刊のまま七号で消えてしまい、とるに足らないが、『岩と雪』は、『アルプ』とは対照的な性格で確固たる存在を誇示していた。

『アルプ』と『岩と雪』――おなじ年に創刊されたこの二誌をくらべてみることは、いろいろな点で興味がある。

『アルプ』が登山の大衆化の盛況にも、第一線の先鋭登攀の華ばなしい活動にもほとんど無関心だったことは、すでに述べた。その内容についての詳しい考察は、いずれあとですることになろうが、大まかに括《くく》れば、『アルプ』は文芸的な山の雑誌だった。山と自然にかかわる文章であれば、紀行でも随筆でも詩でも、どんな形式・内容のものでもよかった。のどかな山旅の紀行であれ、きびしい登高の記録であれ、掲載する作品の性質に区別はなかった。条件はただ一つ、――このことばを使うのはなにか勿体《もったい》ぶった感じで、わたしはやや躊躇《ためら》いがあるのだが――〝文学的な山の文章〟であること。

〝文学的な山の文章〟というのを明確に定義すれば、文学としての評価に堪えうる山の文章、ということになるわけだが、もっとくだけた言い方をするなら、読んで味わいの深い山の文章、心情的あるいは理知的にも感銘をおぼえる山の文章、とでもいうことになろうか。わたしの体験でいえば、何度でも繰り返して読みたくなる山の文章、といえばいちばんぴったりする。

『アルプ』が創刊二十周年をむかえた一九七八（昭和五十三）年、発行所の創文社のPR誌『創文』十月（一七八）号が『アルプ』の主筆である串田孫一、寄稿者の近藤信行、編集委員の山口耀久の三人を招いて座談会を催したとき、そこで近藤信行氏は次のように述べている。

《戦前からいろんな山の雑誌があったわけですが、ずいぶんデタラメな文章を載せてきていますね。もちろんすばらしい文章もあったわけですが、何でもいいから載せている、という感じのものがありましたね。ところが『アルプ』はいい文章を精選して載せてきている。文学性、芸術性のゆたかな文章が多かったと思います。その点『アルプ』の果たした役割は大きいですね。》

これに対して串田孫一氏は、

《大体ね、記録以外の紀行文も含めて、山のことを文章に書こうと思えば、自ずから文学的にならざるを得ない要素があるでしょ。それはもう最初からそうなのね。野球の雑誌で『アルプ』と同じようなものを作ったって売れないですよ。》

と語っている。

この「山のことを文章に書こうと思えば、自ずから文学的にならざるを得ない」ということばは、一般論としては通用しがたく、串田孫一氏個人の体験談として聞くべきだろうと思うのだが、野球やゴルフなどのスポーツ雑誌で『アルプ』のような文学的性質のものを作るのは無理だとは、たしかにいえることだろう。おなじ身体をはたらかせる運動でありながら、とりわけ登山においてだけ文学的な表現が可能だということは、その理由を考えるまでもなく、文学的な評価に堪えるすぐれた山の書物がこれまでにいくつも生まれている、という事実を考えるだけで充分であろう。あえていえば、山という奥深い大自然と真摯《しんし》にかかわりあう行為だからこそ、そこには豊かな文学表現の可能性が秘められている、といえるのではないか。

*

文学誌とか芸術誌とかよぶのは、どうも堅苦しく偉そうな感じなので、ここではいくらかおだやかな感じの〝文芸誌〟ということばを使うことにするが、『アルプ』が山の文芸誌であるのと対極的に、発刊当時の『岩と雪』は、さきにみたような〝積雪期初登攀〟の記録に重点をおいて、岩場のルート研究や論考的記事など、実践的な内容を先鋭に打ち出していた。『アルプ』が登山界の現状にほとんど無関心だったのと対照的に、『岩と雪』はその情勢をそのまま誌面に反映していた。『アルプ』の概しておだやかな性格にくらべて、『岩と雪』は山に挑戦するクライマーたちの盛んな熱気にあふれていた。雑誌の容態も、月刊の『アルプ』はA5判で特集号をのぞけば毎号六八ページの薄手の雑誌であるのに、季刊の『岩と雪』はおなじA5判でも毎号三〇〇ページを超える大冊を誇っていた。

しかしその『岩と雪』も、創刊後わずか二年で、第七号を出して休刊になってしまう。登山界の最先端の現状をそのまま誌面に反映したことが裏目に出たのである。熾烈をきわめた積雪期未踏の岩場の初登攀の時代も、ながくは続かなかった。もともと挑戦すべき対象が限られていたから、その終焉は早かった。目標を失ったあとにくるのは停頓《ていとん》であり、それがそのまま雑誌の休刊につながったのである。

いま『岩と雪』の創刊号と第二号の目次をくらべてみると、創刊号にはさきに書いた登攀の記録をはじめ、剱岳チンネ正面岩壁、一ノ倉烏帽子沢奥壁などの〝積雪期初登攀〟の記録が十数本ずらりと並んで壮観だが、第二号には創刊号にあるような登攀の記録は一本もなく、海外の山の情報紹介と、「谷川岳研究」と称する岩場と沢のルート解説のような内容で、はやくも沈滞と行詰りのようすがみえる。第三号も第二号と似たり寄ったりの内容で、活性化のきざしはみられない。これでは先輩格の『山と渓谷』、『岳人』のレベルを抜けるものとはいえず、どうも創刊号だけが当時の熱気に浮かれて誕生したような印象をうける。創刊号の登場が華ばなしかっただけに、そのあとの衰退ぶりが目立つのである。二年で休刊するのは当然のように思われ、この休刊は六年の長きにおよぶのである。

しかし六年後の一九六六（昭和四十一）年、ヨーロッパ・アルプスの三大北壁をはじめ、海外の山での日本人の活躍が盛んになった状況をとらえて、『岩と雪』はふたたびこの国のアルピニズムの最前線をになう情報誌として復活する。その後、この雑誌がアルプスやヒマラヤ、アンデス、またヨセミテなどの新情報をいちはやく伝えて、この国の登山の進展にどれほど貢献したかについては、ここでとくにふれる必要はあるまい。創刊から、休刊の六年間をはさんで三十七年後の一九九五（平成七）年に第一六九号を出してその輝かしい履歴の幕を閉じたが、この雑誌が日本の登山界の実力を世界のトップ・レベルに引きあげるのに寄与した功績は、大きくこの国の登山の歴史に残るにちがいない。

＊

『アルプ』誕生のいきさつについては次章で詳しく述べるが、その中心となった人物は串田孫一であり、それに尾崎喜八が精神的支柱ともいうべき顧問のかたちで納まっていた。外国文学の素養がゆたかで、博物誌的な自然学にも造詣の深いこの二人の性格が、おのずと『アルプ』の基本的性格を決めてしまったのだともいえる。

しかし人間そのものとしては、先天的気質以上に、二人それぞれが生まれ育った時代の性格を紛れようもなく深く身につけていた。尾崎喜八はまさに詩人そのものといった厳格な明治の人間であり、いっぽう串田孫一にはより柔軟でリベラルな、大正知識人の一典型といった面があった。そしてこの厳と柔の二つの個性が、芸術と自然にたいする共通の敬愛で結ばれて、山の雑誌である『アルプ』に、他に類をみない格調をもたらすことになった。

ところで、新雑誌の発刊に際しては、その創刊の趣旨・抱負を高らかに謳《うた》いあげるのはよくあることで、山の雑誌の場合も例外ではない。

前記『岩と雪』では、創刊号の編集後記に次のような勇ましい文言《もんごん》がみられる。

《長いあいだ岳界を歩いてきた我々は30周年に直面して、それにふさわしい仕事をうちたてなければならない。その一つに我々のつねに念頭にある日本の岳界の最良にして唯一の、本格的山岳雑誌を誕生させることである。（中略）我々はこの新しい雑誌で、どんな仕事をしようというのか。３２０頁は山の雑誌としては最大のボリュームであろう。この中により高くより困難な、そしてより美しくより新しいものへの理念をもりあげるのである。》

戦前の『ケルン』創刊号の巻頭に掲げられた「『ケルン』の言葉」も、高だかとして威勢がいい。

《さあケルンを積まう！君達の協力に待つて。……そして一つづつ小石を集め、積み重ねることにより、少しでも大きく、高く、頑丈に築きあげることは、山登る仲間のもつとも恵まれた心躍る瞬間である。もちろんそれは、朝な夕な、アルペングリユーエンに映える巨峰の頂に建つ記念標に比すべくもなく、極めて些やかな、そして足蹴にされようものなら、もろくも基部からぶつ倒れさうな貧弱な石塚であるにもせよ、―否さうあればある程―より心を籠めて護り、愛さるべき種類のものなのだ。》

右の二誌の高らかで気負った宣言とくらべると、『アルプ』の編集後記にあたる「編集室から」に綴られた串田孫一のことばは、まことに慎ましやかで、だが格調が高い。

《＊ここに創刊された「アルプ」の性格については、わたしどもは何も宣言しない。ただ、雪線に近いその草原が、人の住む町の賑わいから遠く静まっているように、「アルプ」もいわゆる雑誌の華やかさや、それに伴う種類の刺戟性などからは距ったものだとは言えるし、自から願っている方向も決まっている。

＊ここよりもなお高い山へと進み、山から下って来たものが、荷を下ろして憩わず

にはいられないこの豊饒な草原は、山が文学として、また芸術として、燃焼し結晶し歌となる場所でもあると思う。従って高原逍遥のみに満足する趣味を悦んでいるものでもない。》

ポエジーのふくらみのあるこの短いことばは、串田孫一という人をよくあらわしているし、同時にまた控えめなことばで『アルプ』の性格、あるべき姿を簡潔に言い切っている。

そしてこの「何も宣言しない」雑誌が、じつに四半世紀、三〇〇号までも続くのである。

第二章　創刊まで

『アルプ』を発刊したのは、すでに記《しる》したように、学術書の出版で地歩を固めつつあった創文社である。

『アルプ』の誕生については、こんな逸話が伝えられている。創文社の久保井理津男社長が夢の中で山の雑誌の発刊を思いつき、それを串田孫一氏に持ち込んだのが、そもそもの始まりだという。

串田孫一の教え子で『アルプ』発刊時の専任編集者になった三宅修も、『アルプ』の誕生について一九九六（平成八）年十一月に日本山岳会の集会室でおこなわれた講演で、こう述べている。

《きっかけはばかばかしい話ですが、学術書専門の創文社の社長が、ある日夢を見て山の雑誌をやらなければと思い込んで串田先生のところに電話をよこしたというのです。》（機関誌『山岳』第九二号所載「『アルプ』の変遷—創刊から三〇〇号まで—」）

おなじく串田孫一の教え子である版画家の大谷一良も、同様のことを述べている。

《社長の久保井理津男さんが何故か夢の中で突然「山の雑誌を出す」ことを思い付かれたそうで、それが『アルプ』二十五年の発端になったという。》（『創文』一九八〇年八・九月号）

この不思議な『アルプ』誕生の〝夢語り〟を、なんとなく定説のようにしてしまったのは、ほかならぬ串田孫一氏である。

後年の二〇〇〇（平成十二）年、『山と溪谷』三月号が「『アルプ』とその時代」という特別企画を組み、串田、三宅、大谷の三人が『アルプ』を回顧する座談会をおこなっているが、そこでも串田孫一氏は、

《創文社の久保井理津男社長が、山の雑誌をやりたいと言ってきたんです。夢のお告げがあったというんですね。》

と語っている。

この不思議な「夢のお告げ」については、久保井理津男が創文社の社長をしりぞいて会長になってから著した『一出版人が歩いた道』（二〇〇二年・創文社刊、非売品）のなかに次のような言及がある。

《特筆すべきは山の芸術誌『アルプ』の刊行開始である。固い固い学術書の校正ばかり見ているわたし達にとって、串田先生や尾崎先生の文芸書の校正を見ると何だかほのぼのとしたホッとした感じを覚える。わたしだけでなく大洞君も岸村君もみなそのようにいう。或る夜、わたしが文芸誌発行の夢を見て、翌日それが串田先生のところ

に持ち込まれ『アルプ』発刊になったのだと実《まこと》しやかに伝えられているが、そんなに簡単なものではない。串田先生はもともと哲学専攻の学者ではあるが、『博物誌』やその他の著書の刊行でわたしは非常にしたしみを感じた。大新聞の広告費が次々と高くなり、広告が簡単にうてなくなって来ているのと、その効果の程にも疑問を感じていたので、PR誌をつくり、串田先生に毎月五〇〇〇字ぐらいの短文を書いていただき、一年に一冊宛の単行本をつくるようにしたらどうか、前に内容が充実していて清らかで惜しまれながら消えて行った文芸誌もある、そうだわたしには山のことはわからないが、尾崎先生はじめ多くのその場を得ていない執筆者がいる筈だ、もうけることなど全く考えず、きれいな雑誌をつくるようにしたらどうだろう、或る朝突然にこんな考えがまとまり、会社に出て大洞君に話したら、それはよい、すぐ串田さんに相談してみようということになり、その日のうちに串田先生が来社され刊行が決まったというのが実情だ。》

ちなみに文中の「尾崎先生」というのは尾崎喜八のことであり、「大洞君」は創文社編集長の大洞正典《おおほらまさのり》、「岸村君」は同社営業部長の岸村正路《まさみち》のことである。

この文章の載っている『一出版人が歩いた道』は、さきに述べたように久保井理津男氏が社長をしりぞいて会長になってから執筆したもので、四十年以上もむかしのことを回顧したこの部分の記述には疑問な箇所がいくつかある。

「固い固い学術書の校正ばかり見ているわたし達にとって、串田先生や尾崎先生の文芸書の校正を見ると何だかほのぼのとしたホッとした感じを覚える」とあるが、串田孫一はこの時までに『博物誌』など五冊の本（山の本ではない）を創文社から出しているが、尾崎喜八はまだ『アルプ』発刊以前のこの時点では創文社とはつながりがない。おそらくは串田孫一の斡旋《あっせん》で全七巻予告の『尾崎喜八詩文集』の刊行が始まるのはこの年の十二月で、『アルプ』の発刊は同年の三月だから、久保井社長はまだ尾崎喜八の校正刷は見ていないはずである。

思うに、『アルプ』発刊後に刊行された尾崎喜八の『詩文集』の校正刷を読んだときの印象が、それ以前の串田孫一のものを読んだときの印象とダブって、こういう記憶の混線が生じたのにちがいない。

この稿を書くにあたって、大田区千鳥町の久保井会長の家を訪ねてこの疑問を質《ただ》したところ、かれもその誤りをみとめた。

久保井会長のこの文章には、まだ不明のところがある。串田先生に毎月短文を書いてもらい、それをまとめて毎年一冊ずつ串田先生の単行本を作りたいという意図はわかるが、その串田孫一の文を載せる「ＰＲ誌」というものが、どうして『アルプ』という山の雑誌に変わってしまったのか、その経緯のほどがよくわからない。久保井社長も、その相談をうけた大洞編集長も、山登りのことはなにも知らず、山の雑誌の出版事情にもまったく疎《うと》いはずだし、だいいち学術書専門の出版社の「ＰＲ誌」が山の雑誌だというのは、どうにも辻褄《つじつま》が合わない。それなのに〝山の新雑誌〟の発刊に話がまとまったのは、どういういきさつによるのか。

これについて、久保井会長に再度インタヴューして判明したことを整理すると――。

社長の「ＰＲ誌」発行の動機が、串田孫一の文章の連載を企図したものであったことはまちがいない。早起きを習慣にしている久保井社長が、ある朝このことを思いつき、出社して大洞編集長にそれを相談したところ、その場で讃同を得て、串田孫一を中心にして〝文芸的な新雑誌〟を作ることに話がまとまった。確認しておくことは、社長の思い付いた「ＰＲ誌」の発行は、ここで大洞編集長の意見を容れて、ＰＲ色をぬいた純粋に文芸的な新雑誌の発刊に変わったことであり、しかしこの段階では、まだ新雑誌に〝山〟の性質は含まれていない。それが〝山の文芸誌〟ということになるのは、大洞編集長の電話連絡で串田孫一がその日のうちに創文社に来て、串田孫一の意向でそのように決まったのである。

以上のことを再確認すれば、もし久保井社長の発想がなければ『アルプ』が生まれることはなかった。しかしその発想は串田孫一の文章に触発されたものだったし、その新雑誌発行の社長の思い付きを〝山〟の方向に導いたのも串田孫一だった。編集長の大洞正典は、このなりゆきの介添人の役を果たしたというべきか。(前掲の久保井会長の文では「山の芸術誌」と「PR誌」と「文芸誌」のことが、なんの脈絡もなくごちゃまぜに使われていて、「そうだわたしには山のことはわからないが、尾崎先生をはじめ多くのその場を得ていない執筆者がいる筈だ……」と飛躍しているが、これはさきにみた記憶の〝混線〟と『アルプ』の成功からきた、後《あと》からの思い込みであろう。)

ともあれ、この三人がそろったおかげで『アルプ』という画期的な山の雑誌が生まれる素地ができあがったわけなのだが、それについてなお書き加えておかなくてはならぬことがある。右に書いた創文社側の意向とはべつに、串田孫一のほうにも、できれば新しい山の雑誌を創りたいという願望があったことである。前章でみた『アルプ』創刊二十周年をむかえた『創文』誌上での座談会でも、串田孫一は、

《この雑誌が出る気運というのは唐突ではなかったと思いますね。詰《つま》り、これまでにないような山の雑誌を出したいという気持はかなり強く抱いていました。》

と語っており、このことばはそのまま受けとってもよいであろう。

串田孫一は雑誌を創るのが好きな人であった。大学卒業後の若き日、一九四〇（昭和十五）年六月に矢内原伊作、福永武彦、戸板康二らと『冬夏《とうげ》』という同人雑誌を十字屋書店から出し、雑誌統合の当局の命令で発行不可能になる第一六号までそれを継続しているし、戦後は同好の士の参加をもとめて『アルビレオ』という文庫判の薄い詩誌を、一九六五（昭和四十）年の第四二号まで発行している。東京外国語大学の山岳部長に就任してからは、卒業した部員たちの発意でかれらと『まいんべるく』という薄い小型判の洒落《しやれ》た季刊誌を発行しているが、同人の大谷一良によれば、この山のミニ芸術誌の発行でもっとも熱心だったのは串田さんだったという。

その串田孫一氏にとって、かれを中心にした新しい文芸誌を出したいという創文社からの提案はまたとないチャンスだったといえるだろう。それは創文社からの連絡のあったその日に、かれが勤務先の大学からただちに社におもむいたことからも推察できる。いわば出版社側の意向と串田孫一の願望とが、時をおなじくして幸運な一致をみたわけである。

なおついでに書いておけば、久保井社長が考えた「ＰＲ誌」の発行は、『アルプ』創刊の四年後、一九六二（昭和三十七）年の八月に『創文』として発刊され、学術書の出版社にふさわしい固いアカデミックな内容で、いまも継続発行されている。当然のことながら、社長の発想のもとになった〝串田先生の文章の連載〟は、先行する『アルプ』のほうでおこなわれていて、このＰＲ誌とはまったく関係がない。

＊

以上ややくどくどと『アルプ』誕生のいきさつにこだわったのは、串田孫一氏がひろめた、創文社の社長が「夢のお告げ」で山の雑誌の発刊を思いついた、という話が定説化するのはよろしくなく、〝資料〟として正確な事情を書いておきたい、という気持ちからにほかならない。

久保井社長の考えた新しい雑誌というのが〝串田孫一の文章を連載するため〟のものであったとは、含羞《がんしゅう》の人である串田孫一当人としてはどうにも言いかねることだったから、その事実をぼやかすために、こんな逸話を思いついた。しかしそれでは、すぐれた経営者であり『アルプ』誕生の親でもある久保井社長がなんとも単純な道化役のようになってしまうし、それに串田孫一氏は、人をおもしろがらせるために事実を誇張したり脚色したりして自分もおもしろがるという、いけない趣味がある。社長の「夢のお告げ」の話も、わたしには、その陰でおもしろがっている串田孫一氏の悪戯《いたずら》ずきな顔が覗いているような気がしてならない。

ところで、山の新雑誌の創刊が決まってからの串田孫一氏の動きは積極的だった。『アルプ』一四二号に載った串田孫一の「『アルプ』創刊準備の頃」を読むと、『アルプ』のことだけでなくさまざまな用事をこなしながら、じつに精力的に走りまわっているのに驚嘆させられる。大学で教鞭をとるかたわら、九州その他での講演や、放送座談会の出席や、原稿執筆などあれこれのことに忙殺されながら、その合間あいまに三宅修、大谷一良と会って打合せをかさね、戦前にすぐれた山岳書や『山』という雑誌を発行していた岡書院の岡茂雄氏だの、山の書籍販売を専門にあつかう茗溪堂の坂本矩祥《のりよし》氏だの、交通公社の雑誌『旅』編集部の岡田喜秋氏だのに会って意見を聴き、また深田久弥氏宅を訪れて助言を得るかたわら執筆の依頼をしたり、東海道線で富士宮まで出向いて曽宮一念氏に創刊号を飾る口絵の借用を願ったりもしている。

それまでに出していた同人誌とちがい、通常どおり原稿料が支払われる月刊誌ともなれば、それを存続させる責任者として準備は万全でなければならないのである。

さて、新雑誌の発刊は決まったものの、誌名を何とするかが未定だった。串田孫一は上野毛の尾崎喜八氏を訪ねて、その相談をした。串田は尾崎喜八とかねてから識りあっていたが、敗戦後の尾崎の長野県富士見の在住時代になんどか富士見を訪れたことから親交が深まり、この新雑誌の顧問格として尾崎に協力してもらうつもりだった。

誌名の決定については、当事者の串田孫一に語ってもらうのが、その経過がよくわかって賢明だろう。前掲の三宅修、大谷一良をまじえた『山と溪谷』誌上での回顧談のなかで、串田孫一はこう語っている。

《尾崎さんが、考えてくれたのか、絞り込んでくれたのか、いずれにしても、「自然林」、「草本帯」という漢字のタイトルといっしょに「アルプ」というのがあったんです。でも、なんで「アルプ」にしたんだろう。ふつうアルプスは知っているけれど、アルプなんて、「ス」というのが飛んじゃったような（笑い）。ただ、決まったときには、これ以外にないと思ったんですね。》

「アルプ」とは本場のスイス・アルプスで夏期の放牧場として利用される高地草原のこ

とで、いまではわりと知られて通用するようになったことばだと思うが、当時としては串田孫一が最初に感じたような、やや耳馴れない奇異な感じをまぬがれなかった。そしてその〝アルプスの「ス」が飛んじゃったような〟妙な感じが、かえって新鮮な感じで山好きの若者たちにうけたのかもしれない。かりに「アルプス」では当り前すぎてなんの興味もひかないし、「自然林」、「草本帯」では地味で植物関係の雑誌とも受けとられかねない。背景に残雪きらめく高峻な山々がそびえ、山羊《やぎ》の群れが遊ぶ高地草原の牧歌的なイメージこそ、新しい雑誌のタイトルにふさわしい。

それは自然詩人である尾崎喜八の憧れの心象風景であり、俗界から隔たったその美しい清爽《せいそう》のヴィジョンが、串田孫一の胸にあざやかな共感をよび起こしたのである。ともあれ、ここで尾崎喜八が名付け親となって、『アルプ』という誌名が決まったわけである。

そして、この誌名のことだけでなく、『アルプ』の創刊に尾崎喜八の協力が得られたことは、この雑誌にとって大きな幸運であった。

＊

雑誌の履歴を語るにはやや横道に入りこむようだが、『アルプ』の発行元である創文社のことも若干ここでふれておきたい。

山の雑誌を出す以上、その発行所は山岳書専門の出版社と相場がきまっているのだが、『アルプ』の場合は異例で、創文社はまえに書いたように学術書専門の出版社なのである。そしてそのことが、『アルプ』の創刊から終刊にいたるまでの経過の諸事情にすくなからぬ影響をおよぼしていることは疑いない。

創文社の創業は一九五一（昭和二十六）年で、京都に本拠をおく弘文堂から分かれた。京大派の学者と縁が深い弘文堂は〝東の岩波、西の弘文堂〟といわれたほどの学術書出版の老舗《しにせ》だったが、戦後その経営をめぐって内紛が起き、代表取締役をつとめた久保井理津男が、編集担当の大洞正典とともに弘文堂を離れて創文社を興したのである。

法律、経済、哲学、宗教、歴史などの学術書出版の正道を継ぐ創文社の業績については、ここで深く立ち入らないが、ただ〝一徹〟ともいえるその出版理念のありようは、二つの例をみるだけで充分に理解されるだろう。広告を入れず、上質の用紙を使って、清潔な誌面づくりにこだわった『アルプ』の存続も、この一徹で良心的な出版理念と無関係ではないはずである。

一例は、トマス・アクィナスの『神学大全』の刊行である。全四十五巻を予告しているこの中世スコラ哲学の神学書の翻訳は、一九六〇（昭和三十五）年に創文社が第一冊を出してから二〇〇六（平成十八）年現在までの四十六年間に三十一点が出ているが、いまだにその全訳は完成していない。このままの刊行ペースでゆけば、本年九十二歳をむかえる久保井会長の存命中にはとても完成するとは思えない、こんな大著の刊行を営々としてし続けるところに、創文社という出版社の真面目《しんめんもく》がある。

いま一つの例としては、これも現在刊行中の『ハイデッガー全集』がある。予告によれば全百二巻から成るこの個人の哲学全集の翻訳出版は、一九八五（昭和六十）年に刊行が開始されて、二十一年後の現在まで四十二点が出版されたが、これもいつ完成するものやらめどが立たない。なにしろ本国のドイツでも目下刊行の途中で、これまでに七十点が出ているが、完結はなお前途遼遠《りょうえん》なのが実情だという。出版不況がさけばれて久しいのに、これは壮挙というべきか、何というべきか。いつ完結するとも知れぬ、全百巻を超えるこんな巨大な個人全集の刊行を手がける出版社は、まず創文社を措《お》いてほかにあろうとも思えない。

ついでに書けば、こんな桁《けた》はずれな事業をあえてする創文社とは、現在でも社員十人ほどの小会社なのである。

ここまで書いてしまうと、なおついでに、『アルプ』創刊当時の創文社の社屋のことも書いておきたい気持ちが抑えられなくなる。

千代田区代官町二番地の、皇居の乾門《いぬいもん》と道路を隔てて向き合ったところ、北の丸の入口を入ったすぐ左手に、古めかしい木造二階建ての大きな建物があった。空襲に焼け残った旧陸軍近衛師団の将校用宿舎だったのだそうで、建物に入って正面の、数知れぬ軍《ぐん》靴《か》に踏まれて角《かど》のすり減った幅のひろい厚板《あついた》の木の階段をのぼると、その二階の一部の二室が創文社の事務所になっていた。

いくつもの室に仕切られた建物には、業種の異なるさまざまな小会社が入っていて（得体の知れない怪しげな小会社も入居していたらしい）、その後大出版社に発展した角川書店もここが創業の地だったという。創文社は大田区調布千鳥町の久保井社長の自宅を事務所にして開業したのだが、一九五四（昭和二十九）年、縁あってその角川書店のあとを譲りうけて、ここに移ったのである。古びてはいても、がっしりした造りの建物だった。

余談だが、久保井会長の回想記によれば、この事務所の使用料が何程だったか、どこに納めたのか、まったく記憶がないという。どのような手続きでこの国有財産の建物に入居したのかよくわからないが、《国が最初に住みついたものを不法占拠者として家賃の収受を拒否していたのかもしれない。》とも語っている。

もしもそれが事実だとしたら、世知辛《せちがら》い当今の世相からみて、そんなのんきな時代もあったのかと、そぞろに懐旧の気持ちが微笑むのを禁じえない。

一九六四（昭和三十九）年の東京オリンピック開催に先立って、北の丸が武道館などの施設の建つ「北の丸公園」として整備され、あの旧兵舎の歴史的建物は姿を消してしまったが、創文社を訪れるたびにギシギシと鳴った古い大きな階段のことが、さわればぐらぐらと揺れた木の手すりのこととといっしょに、いまでも懐かしく思い出されるのである。

＊

なんの予備知識もないままにこの本を読まれる方のために、『アルプ』の二本の主柱だった尾崎喜八氏と串田孫一氏について、いくらかのことを書いておこう。

尾崎喜八は一八九二（明治二十五）年の生まれ。人道主義の詩人として出発し、その生涯の仕事は創文社刊行の『尾崎喜八詩文集』全十巻に総収されている。人間の生き方の理想をうたった詩とともに、登山経験からうまれたすぐれた詩も多いが、散文集としては山の紀行・エッセーをあつめた最初の書『山の絵本』が、岩波文庫にも入り、山岳文学の古典としていまもひろく読みつがれている。

『アルプ』の発刊時には六十代のなかばで、活発な山登りを実行するにはもはや体力がゆるさず、流麗な山の紀行文が誌面を飾ることはなかったが、敗戦後のほぼ七年ちかくを信州富士見ですごした体験は山野の自然への愛と共感をいっそう深めて、帰京後も、その想いが郷愁の青い歌のようにかれの作品のなかをながれている。

おそらく尾崎喜八の名がなかったならば、牧歌的でのどかな『アルプ』の誌面に筋の通った緊張感はうまれなかったにちがいない。尾崎喜八の目が光っているということだけでペンを持つ手の力がぬけなかった執筆者が、おそらく何人かはいたはずである。その意味でも、尾崎喜八は『アルプ』にとってなくてはならぬ人であった。

串田孫一については、『アルプ』誕生の核であり、表でも裏でも中心人物としてその存続に尽力した人だから、すこし詳しく山の経歴をみておきたい。

生まれたのは一九一五(大正四)年。十三歳の中学初年のときから山登りをはじめ、その後、河田楨《みき》の『一日山の旅』を読んで中央線沿線の山々や奥秩父の山を訪れるようになり、槍、穂高、剱などの北アルプスにも足を踏み入れている。高等学校に入ると本格的な雪山の山行も多くなり、とくに成蹊学園山岳部の虹芝寮《こうし》をベースにして谷川岳とその周辺の山や谷に登高をかさね、渡辺兵力らと積雪期の堅炭岩《かたずみいわ》の初登攀を果たしている。

大学に進んでからは登山の実践から遠ざかるが、処女作『乖離』の出版後さかんに創作活動をおこない、『山』、『山小屋』、『山と溪谷』などの雑誌から執筆依頼をうけて、本名または初見靖一の筆名で山の文章もいくつか書いている。

大学時代から戦中・戦後の十五年ほどをはさんで串田孫一の足は山から遠のくが、この中断のあと一九五〇年代になってふたたび山登りに復帰し、奉職中の東京外国語大学に山岳部ができると、部員たちに請われてその部長に就任している。五二年のこの時、串田孫一は三十七歳、壮年期のはじめで、この山岳部長の就任がかれの登山の再開をより活発にしたであろうことは容易に推察できる。

この登山の再開で特筆すべきは、秋山郷の鳥甲山《とりかぶとやま》の登高である。当時この山は知る人の少ない秘境の山で、かれは東京外語大山岳部出身の三宅修をよきパートナーとしてこの山に通い、とくに五八年二月から三月にかけて行なったこの山の積雪期登攀は、ふたりの秋山郷通いの掉尾《ちょうび》を飾る大きな収穫であった。

『アルプ』が創刊されるのは、この時である。串田孫一はこの時までに、五五年の『若き日の山』(河出書房)、五七年の『山のパンセ』(実業之日本社)と『山の絵日記』(ダヴィッド社)の、三冊の山の本を著している。それまでの山の本になかったみずみずしい感性と詩情に富んだ山の随想集は、ひろく若い登山者たちの心をとらえて、まえの二著はベストセラーになっていた。

串田孫一のこの活発な登山の再開と、かれの山の著書の好評が、さきにみた時代の気運と相俟《あいま》って、創文社の新雑誌発刊の意向を〝山〟のほうに導く大きな力になったであろうことは想像にかたくない。

かくて、一九五八年すなわち昭和三十三年の三月、奇しくも〝三〟の数字が三つそろったこの時に、『アルプ』の創刊号が発売されたのである。

第三章　『アルプ』誕生

『アルプ』創刊号の「目次」は次のようになっている。

版画　アルプから見た山　大谷一良
素描淡彩　熔岩と南岳　曾宮一念
高原の冬の思い出　尾崎喜八
ヒュッテの朝　藤木九三
『遭難』という映画をみて　黒田初子
わたしのアルプ　石川欣一
写真　登行　内田耕作
登山雑感　加藤喜一郎
詩　山荘で　鳥見迅彦
僕のカトマンズ　朝比奈菊雄
写真　火口　白川義員
神流川を遡って　深田久弥
磐梯山裏　河田楨

単独登山について　岡田喜秋
雪と風の日記　山口耀久
雪の尾根　串田孫一
山小屋の或る日　高橋達郎

自分の名前が入っているので書きづらいが、一見して錚々《そうそう》たる執筆者の名がそろっている。年齢的にみれば、一八八七（明治二十）年生まれ七十一歳の藤木九三《くぞう》を最年長者として、六十七歳の河田楨《みき》、六十五歳の尾崎喜八がそのあとに続き、以下、石川欣一、黒田初子、深田久弥、鳥見迅彦が明治生まれの組にはいる。大正組は一九一五（大正四）年生まれ四十二歳の串田孫一をあたまに、朝比奈菊雄、加藤喜一郎（註・マナスル初登頂者）、岡田喜秋、高橋達郎、そして三十一歳の山口耀久が最年少である。

この執筆者の人選は、串田孫一が尾崎喜八とも相談して決めたものと思われるが、明治生まれの山の先輩にたいする敬意のあらわれと、その老世代とバランスをとるための大正世代の若手の起用に、串田孫一の編集のセンスと苦心のほどがうかがわれる。

そして、それはみごとに成功したといえる。創刊号にこれだけの執筆者がそろえば、それがおのずとその雑誌のステイタスとなって、その後の号の執筆者はいい加減な文章は書けなくなる。その意味で、ひとつの雑誌にとって創刊号はその雑誌の性格をあらわす決定的なものなのである。

さて内容は別として、それを盛る雑誌の造りのほうはどんなものだったのか。

表紙のデザインや本文用紙の指定、誌面の割付けなどをおこなったのは、創文社編集長の大洞正典である。大洞正典は社の編集室で串田孫一の意見を聴きながら、誌面づくりの作業を進めた。

未経験の編集者として創文社に入社し『アルプ』専任の実務を担当することになった三宅修は、その誌面づくりの現場で大洞編集長の手並《てなみ》のほどを初めて見て、のちにその時の感銘を以下のように語っている。

《『アルプ』の創刊号が生れるまでに、わたしは雑誌造りのイロハから勉強していった。編集長の大洞正典さんは、いわば本造りの名人とも言える繊細な感覚の持ち主であり、政・経・法・宗教などの専門書出版の創文社では力倆の百パーセントを発揮する場が少なかったに違いない。串田さんの名著『博物誌』の第一巻はその大洞作品の代表の一つだと思うが、活字の選択も行間の余白も、すっきりして少しの無駄がなく、

『アルプ』誕生

創刊号。表紙は大谷一良の「アルプから見た山」

45号。初めての特集である牧場特集

惜しまれて幕を閉じた『アルプ』終刊号の300号

『アルプ』をつくった人たち

哲学者だけに収まらない多彩な顔をもつ串田孫一

顧問格として新雑誌と串田を支えた尾崎喜八

カットの大きさも配置の場所も、これ以外にはないという所まで昇華している。「気品」の漂う本造りである。

『アルプ』では、その才腕が存分に発揮され、目の前で一冊の雑誌が体裁を整えていくプロセスを見ることができた。

本文の紙一つでも充分に吟味し、分厚い何冊もの見本帖を繰り三菱の特漉《とくずき》にしなければ、とか、表紙は特に厚手のものにローラーをかけて『アルプ』だけのものを創り出し、印刷もきれいな活字と刷りと、そして費用でも業界随一の精興社へと、つまり尾崎喜八・串田孫一という個性と芸術とを最大限に表現できる舞台装置を一分の狂いもなく仕上げていくのである。》(『アルプ』三〇〇号)

文中に言うように、雑誌づくりのイロハも知らぬ新米の編集者がヴェテランの編集長の本造り、雑誌づくりのすぐれた手腕に魅了される気持ちが、そのまま伝わってくる。小雑誌ながら――あるいはそれゆえに――すみずみまで神経がゆきとどいた清潔で気品のある雑誌づくりは、串田孫一・尾崎喜八の風韻そのものであり、同時にそれはまた、ひと儲けすることなどまったく考えず、ただ〝きれいな雑誌〟を出すことにこだわった、久保井社長と大洞編集長の希望の結晶でもあったろう。

こうして創刊された『アルプ』が、どのような印象で読者に迎えられたかは、執筆者のひとりであったわたしなどが書くよりも、第三者の読者の率直な感想を引用するのが適切であろう。

当時、山の本専門の出版社であった朋文堂で、月刊誌『山と高原』の編集をしていた大森久雄は、野暮で不細工なデザインの広告と、文章の体《てい》もなさぬひどいコース案内の記事(なかには簡潔・的確なガイド記事もないではなかったが)に、すっかりイヤ気がさしていた。その大森久雄氏が、『アルプ』創刊号を手にしたときの印象を、後年つぎのように回想している。

《……商業雑誌である以上売れなくては話にならないから、多数の読者を集めるためには、編集者の個人的趣味で雑誌をつくるわけにはいかない。実はここのところが一番大事なのですが、それはともかく、先にあげた広告とコースガイドの二つを当時のわたしは、二大必要悪だと思っていて、毎月これと取り組まねばならない日がくると全く辟易したものです。そういうときに刮目すべき雑誌づくりをやってくれたのがこの『アルプ』でした。広告もガイドも一つもなし……つまり山の雑誌の基本的な存立条件を二つとも黙殺して、しかもタブー視されていた編集者の「趣味」を濃厚にまとって登場してきたのですから、これには正直、肝をつぶしました。それは五月の新緑の山のようにすがすがしい印象で、このときの新鮮な感動をわたしはいまでも忘れることができません。》（『アルプ』一七三号）

ここでこの創刊号の売行きについて卑見《ひけん》をつけ加えると、それが新鮮な印象でむかえられたのは、大谷一良の木版画の効果によるところも小さくはなかったろうと思われる。手馴れたプロの絵とはひと味ちがった初心の大谷版画の表紙を見て、書店でぱらぱらとページを繰り、童話の夢をさそうような丁寧な山の挿絵《カット》に心なごむ親しみを覚えて買いもとめた人が、案外多かったのではなかろうか。巻頭を飾る尾崎喜八の端正で力のこもった文章と、巻尾を締める串田孫一の散文詩のような清冽な作品が、内容の質を高めていることはいうまでもあるまいが、それにしても、誌面の適所に布置された大谷一良のチャーミングな木版画が、虚飾をきらった『アルプ』の清潔な誌面に潤いと親しみの雰囲気をもたらしたことは確かだと思う。

だが、大谷一良の仕事については、別にあとでふれることになろう。

ちなみに、創刊号の発行部数を久保井会長に調べてもらったところ、まず三〇〇〇部を刷り、それがすぐ売り切れたので第二刷を三〇〇〇部、さらにそのあとも三〇〇〇部ずつ第四刷まで増刷して、合計一万二〇〇〇部出したという。

雑誌で増刷というのはあまり聞かないことだが、社長の一存で『アルプ』は紙型《しけい》をとったのである。オフセット印刷が一般になった現在では、紙型などもはや不要になってしまったが、活版印刷の当時では、本（書籍）の場合は増刷にそなえて紙型をとるのが通常だったが雑誌の場合は増刷の例などあまりなく、紙型をとるなどむしろ異例のことであった。紙型がなければ、活字をふたたび組み直さないかぎり増刷は不可能だが、紙型があれば、それを使って容易に増刷が可能だった。この点、久保井社長の判断は正しかったことになる。

第二号は、創刊号の売行きに自信を得て、いちどに一万部を刷ったが、これも紙型をとっている。そして『アルプ』のこの紙型どりは、その後も毎号おこなわれて、終刊号まで変わることがなかった。

＊

ここで創文社社員として『アルプ』創刊号から、七十四号まで六年あまり編集の実務にたずさわった三宅修君のことを、すこし詳しくみておきたい。

かれは東京外国語大学のタイ語科出身。外語大では、東京帝国大学哲学科出身の串田孫一助教授が、倫理学と、それに続いてフランス近代哲学史を教えており、三宅はそのどちらの講義にも一応まじめに出席しているが、両者の関係は教師と学生のそれを超えるものではなかった。その関係がぐんと近くなり親しみを増すようになるのは、三宅ら山好きの仲間が学内に山岳部を創立して、串田孫一氏に部長を懇請し、山行を共にするようになってからのことである。

東京外語大卒業後、三宅は某生命保険会社に就職する。しかし仕事が体質にあわず、上司とのトラブルも絶えず、辞職すべきかどうか迷ったあげく串田先生に相談したところ、串田孫一氏は即座に、辞めちゃえ、辞めちゃえと言い、三宅はそれにしたがった。三宅修にとって串田孫一氏は人生の師であり、串田さんの人格から受けた影響も大きかった。浪人中の三宅は、ベアリング製作所の社長で趣味の山岳映画づくりはセミプロ級の腕前である橋本武男氏のもとで、白馬岳を舞台にした『悦ばしき登攀』や、八方尾根登行の『春山は愉し』などの映画の製作を手伝っている。そのあいだ、串田孫一との山行も回数を増し、谷川岳に同行したり、あまり世に知られていない秋山郷の鳥甲山になんどか共に足を運んだりしている。

その三宅修が、創文社から串田孫一を主幹にして『アルプ』という山の雑誌が創刊されることになったとき、串田とのつながりでその編集にたずさわることになったのは、しごく当然ななりゆきであった。

さきにみたように、編集のイロハも知らぬ新入社員は、大洞正典というヴェテラン編集長から、編集のノウハウのすべてを教わるのである。本文の割付け、カットの入れ方、ゲラの校正その他の技術を、しっかり教えこまれる。雑誌の号数とともに新米編集者も一人前の編集者にそだってゆき、執筆者の人選などは相変わらず串田孫一氏に相談することが多かったが、編集の技術についてはもう余人の助けを借りる必要はなかった。

『アルプ』は、用紙や印刷のほかにも、目立たないところで贅沢《ぜいたく》なことをやっている。たとえば当時の雑誌は針金綴《と》じや、接着剤を使った無線綴じがふつうだったのに、ページがきれいに開く糸かがりにしている。

創刊号の口絵を曾宮一念氏の「熔岩と南岳」の彩色画で飾っているのも、ほかの雑誌ではちょっとまねのできない贅沢であった。いわゆる〝山岳画〟のグループに属さない人であることがよかった、と三宅は言う。その後、かれが口絵に使う絵を借りるために画家に頼みにゆくと、曾宮さんが載せたのなら、ということで、こころよく承諾してくれることが多かったという。限られたせまい世界ばかり相手にしていたのでは、その外部のひろい世界との交渉はむずかしくなる。ものごとは初めが肝要だという、これも教訓のひとつであろう。

曾宮さんは、その後もしばしば『アルプ』にスケッチとエッセーの作品を寄せられたが、緑内障のために失明し、しかしすこしも厭世的にならずにその運命を甘受して、やがて来る死とたわむれるような心境の晩年をすごし、『アルプ』終刊後の一九九四（平成六）年に百一歳の剛胆な生涯を終えられた。曾宮さんの著書は数多いが、創文社から刊行されたものとしては、『海辺の熔岩』、『夏山急雨』、『泥鰌のわた』、『日曜随筆家』、『東京回顧』の五冊のエッセー集がある。

ついでながら、この人の剛胆な気質をよく示す文章をここに紹介しておきたい。最晩年の自選エッセー集『砂上の画』（浩文社）所収の「死婆」という文章のなかで、若くして死んだ長谷川利行、佐伯祐三、ゴッホのことなどにふれたあとで、この人はこう書いている。

《天才たちは惜しくも夭折する。「命長ければ恥多し」などと考える暇もない内に、死に神に追い詰められて死ぬ。今年も盆が過ぎ、夏の日長にわたしは退屈した首を伸

ばして、死に神の来るのを待ちくたびれている。死婆よ、わたしのところもお見限りないように願いたい。》

＊

三宅修と東京外語大出がでてきたついでに、前章でちょっとふれた『まいんべるく』のことを書いておく必要があろう。この同人誌の発刊のいきさつについては『アルプ』一二〇号に載った青柳健の「アルプ創刊の頃」に詳しいが、ここではわたしなりにその刊行の概要を、送ってもらった資料に拠《よ》りながらまとめてみる。

東京外語大で山岳部を創立した仲間たちが卒業してOBになり、その連中が結束して、串田さんを中心にして『まいんべるく』という季刊の同人誌を出すことになった。もっとも、最初は『まいねべるく』と称して創刊号はそのようになっているが、「べるく」は男性名詞で単数形だから、女性名詞と複数形につける「まいね」は誤りだと武田久吉博士に指摘されて、二号から『まいんべるく』と改めたのだそうだ。ドイツ語科の出身者がひとりもいなかったとはいえ、卒業したのが歴《れっき》とした外国語専門の国立大学なのだから、まことにお粗末というしかない。

創立会員は、三宅、大谷のほかに、のちに『アルプ』の執筆メンバーになる、おなじ外語大出身の青柳健、宮川俊彦、清水国安らの諸君がいて、大谷の高校（都立立川高校）の同級生だった中村朋弘もこれに加わっている。

いま元会員の平野幸男君が送ってくれた「会員名簿」をみると、意外なことに、わたしも「創立会員」として名前が記載されているが、会費を払った記憶がないし、創刊号の『まいねべるく』も手にしていないと思うので、どうもその自覚が薄い。自分では気らくな〝会友〟といったような気持ちで、みなとつきあっていたのだろう。

ここで「会員」ということばが出てくるが、『まいんべるく』には少なからぬ定期購読者がいて、それが讃助会員のかたちで、少数の創立会員（同人）と共に「まいんべるく会」という同好会がつくられていたのである。会員の総数は三百人を超えたというから、なかなか大したものだ。その讃助会員のなかから、やがて『アルプ』の執筆者になる永野英昭、岡部牧夫、杉本賢治、伊藤和明、大高慶子、岡本寛志、大木義久などの諸君がうまれたことも特記すべきだろう。

この「まいんべるく会」は、会員どうしの親睦をかねて、滝子山など中央線沿線の山で遠足的な山歩きをやり、わたしもさそわれて笹子の鶴《つる》ヶ鳥屋《とや》山《さん》に行ったし、夜の高尾山での〝怪談山行〟というのに参加したこともある。男女の会員がにぎやかに集まって、串田さんも若い連中にかこまれて、あのにこにこ顔がさらにニコニコと愉しそうであった。

ところで、その同人誌『まいんべるく』のことだが、一九五七（昭和三十二）年から六四（昭和三十九）年にかけて九冊の集を出している。発行所は、東京都三鷹市牟礼九一一、串田孫一宅。タテ・ヨコともに一三センチぐらいの小型判で、ごく薄手の冊子ながら、絵、写真、詩、短文などを内容にして、表紙、本文用紙に上質のものを使い、なかなか凝《こ》ったものだ。串田さんの趣味によるのか、各号ごとに洒落たタイトルが表紙についていて、その凝りようのほどがわかる。大谷君のメモと、探書家の上田茂春君が送ってくれた資料によって、各号のタイトルと、本文ページ数、発行部数、頒価を、参考までにここに明記しておく。


第一号「狩人の蝶」〈一九五七夏〉、一八ページ、三〇〇部（?）、五〇円。

第二号「霧藻」〈一九五七秋〉、三六ページ、三〇〇部あるいは五〇〇部（?）、五〇円。

第三号「ヤコブの梯子」〈一九五八冬〉、三六ページ、六〇〇部、五〇円。

第四号「熊の番人」〈一九五八春〉、三六ページ、六〇〇部、五〇円。

第五号「ヴィナスの上靴」〈一九五八夏・秋〉、四六ページ、六〇〇部、七〇円。
第六号「風の伯爵夫人」〈一九五九冬〉、三六ページ、六〇〇部、一〇〇円。
第七号「野蒐の鈴」〈一九五九春〉、三八ページ、五〇〇部、一〇〇円。
第八号「氷河の星」〈一九六三夏〉、二四ページ、五〇〇部、二〇〇円。
第九号「小鳥の居酒屋」〈一九六四〉、二八ページ、五〇〇部、二〇〇円。

この第九号をもって、同人誌『まいんべるく』は終刊している。

この経過をみて気づくことは、五七年夏の第一号から五九年春の第七号までは季刊としてだいたい順調に出ていながら、第八号の発行は七号の四年後になっているし、八号の一年後の第九号で『まいんべるく』は消えてしまったわけである。これは五八年に『アルプ』が創刊されて、串田以下の主力がもっぱら『アルプ』に移行してしまったことを明瞭に物語っている。

ミニ・サイズの薄い冊子ながら、さきにみたように造りは洒落たもので、串田さんは散文詩のような作品を毎号（ただし第二号は欠）載せており、第二号には深田久弥氏が「二つの耳」という好文を寄せているし、第四号には野尻抱影氏が「女扇」という掌篇《しょうへん》を書いている。大谷一良の版画も、三宅修の写真も、この『まいんべるく』が発表の初舞台だったという。

そんなことから、三宅、大谷の両君が『アルプ』の創刊に係わった気持ちのなかには、『まいんべるく』を出していた気持ちの延長があったという。

なるほど、『まいんべるく』も『アルプ』と同様に串田さんを中心にしていたから、そのつながりがそのまま『アルプ』にシフトしたのは、ごく自然のことだったといえよう。それほど東京外語大山岳部OBたちの、教師であり部長でもあった串田さんとの心のきずなは強いのである。

わたしからみれば、『アルプ』に『まいんべるく』系の流れがあったとしても、串田さんを除けばそれはごく一部的なもので、もっとさまざまな要素が『アルプ』の世界をかたちづくっていたと思うのだが、三宅、大谷らにとっては『まいんべるく』の存在は無視できない確かな要素として、かれらの胸中ふかく在るものなのであろう。

ちなみに、『アルプ』創刊時の三宅修の年齢は二十六歳、大学で一学年下の大谷一良は二十四歳であった。

第四章

「画文」の作者

前章で三宅修君のことを書いたので、ひきつづき、かれの相棒役をつとめた大谷一良君のことから書くことにする。

東京外語大で大谷一良はイスパニア（スペイン）語科にまなび、創立直後の山岳部にも入った。ここで部長の串田孫一氏の薫陶《くんとう》をうけたことは、他の部員たちと同様である。在学中に山の絵を描きはじめ、やがて木版画の制作を試みるようになる。畦地梅太郎氏の版画に魅せられて、大学卒業の年の一九五七（昭和三十二）年に朋文堂から出版された畦地梅太郎の高価な最初の画文集『山の眼玉』は、大谷一良の座右の書になった。外出するときも持ち歩いたというから、その傾倒のほどがわかる。

卒業して総合商社の兼松株式会社に就職。その一方で、同人季刊誌『まいんべるく』に毎号、版画を掲載した。特筆すべきは、この『まいんべるく』三号に掲載された「雪山遠望」と題する口絵の版画を深田久弥氏が見てたいそう気にいり、深田さんの書庫「九山山房」の蔵書票をおなじ絵柄で作ってもらいたいと依頼してきたことである。この蔵書票は、新潮社発行の深田さんの『日本百名山』初版で「九山山房」の文字を「日本百名山」と改めただけで、おなじデザインで布装の本の表紙に貼られ、簡潔で趣味のいい装丁の味を出している。

卒業の翌年に『アルプ』が創刊されることになり、串田さんの推挙で表紙および本文中のカットを串田さんと二人で隔月交替で担当することになった。この時の気持ちを、かれはのちにわたしへの手紙でこう述べている。

「三鷹市牟礼の串田さんのお宅にうかがっていた夜、今度『アルプ』という山の雑誌ができるので毎月交互に表紙をやらないかという話があり、多分そのときは事の重要さも分からぬままに〝はい〟と返事をしたにちがいない。ちょうどその少し前に、串田さんを中心に山の同人雑誌『まいんべるく』を出し本作りの面白さを知ったところでもあった。」

前章で『まいんべるく』のことにふれたとき、「わたしからみれば、『アルプ』に『まいんべるく』系の流れがあったとしても、それはごく些細なものにすぎず、もっとさまざまな要素が『アルプ』の世界をかたちづくっていたと思う。」と書いたが、こと大谷一良にかぎっていえば、かれの版画の仕事はたしかに『まいんべるく』での制作の延長であったことがわかる。それだから『アルプ』での仕事についての串田さんの申し出も、その延長の気持ちで、どういう雑誌ができあがるかも深く考えずに気軽に引き受けたのだろう。よく考えれば、ここでいくらかの逡巡か緊張くらいは覚えてもいいはずなのに、どうもその気配が感じられない。

もともと『まいんべるく』は趣味的なごく薄い小型の同人誌だったから、大谷一良はその〝お愉しみ〟の感覚で『アルプ』の仕事を引き受けたようだ。そして、その童話的な夢にふくらんだ愉悦感こそ、大谷版画の独特な魅力だといえるだろう。

『アルプ』に載せた版画の制作のことで、かれがわたしに語ったことがある。

『アルプ』の表紙の絵は二色刷りだが、本文のカットは墨の一色刷りである。一色で濃淡を出す版画の場合、旧来の技法では板木の上に水を含ませた布を使って〝ぼかし〟を出すのだが、その技法に無知だったかれは、濃淡それぞれの度合に応じて別べつに版木を作った。つまり多色刷りとおなじ技法でやったのである。一枚の墨の一色画を仕上げるのに、ご丁寧にも三枚あるいは四枚の版木を彫った。独学の素人芸といわれればそのとおりだが、いま『アルプ』の創刊号をひらいて大谷版画のカットを見ると、そのばかていねいな素人技法が端正でこころ惹かれる効果をあげていることに、あらためて気づかされるのである。

『アルプ』での作品発表が縁となって、かれは私淑していた畦地梅太郎氏の知遇をうけることになる。当時、畦地さんは世田谷区の千歳烏山《ちとせからすやま》駅に近い祖師谷《そしがや》に住んでいた。紹介してくれたのは編集長の大洞正典氏である。初対面のとき、二十五歳の大谷青年は自分の作品を何点か持参して見てもらった。その時、畦地さんは批評めいたことはなにも口にせず、ただ版画の一枚を手にとって「これをわしにくれんか」と言った。仰ぎ見る人にそう言われて、《縮み上がるほど吃驚《びっくり》した。》と、大谷はのちに書いている。この初訪問の翌年、かれは畦地さんに勧められて日本版画協会展に応募して初入選し、さらに翌年の六〇年には国画会展の初入選も果たしている。もはや素人でも版画家のタマゴでもない。

だが、その翌年の六一年から、会社の駐在員として海外に赴任することが多くなり、展覧会への出品は断念せざるをえなくなる。合計して十年以上にもおよぶ各地での海外勤務のあいだにも、しかし『アルプ』の表紙画と本文のカットの制作はつづけた。当時の国際電話の料金は高かったので、編集担任の三宅からの連絡はままならず、大谷が一方的に画を作って送り、それを三宅が適当に按配して使ったという。

なお表紙の装画について付言すれば、それを担当した串田、大谷の両者とも、毎号テーマをきめて画題をつけ、目次の最初にその題名と作者名が文章作品と同様の扱いで明記された。そして表紙画と、裏表紙内側の小画文とが、同じテーマの作品として扱われたのである。本文の空所に置かれた大谷作品のカットは、創刊のころとはちがい、もっと自由で大胆な抽象的な画風になっており、かれの芸域のひろがりを示している。

ところで、大谷一良の芸としては、版画のそれだけを強調するのは片手落ちになろう。かれはまた文藻《ぶんそう》にもめぐまれていて、文章と詩をよくし、第七九号以下に載った、星座をめぐって夜空を飛ぶ妖精のこどもみたいな二人っ子を主人公にした幻想童話のようなものもかいている。のちに恒文社から出版されたかれの『心象の山々』は、その版画と詩と文をまとめた大谷ならではの一冊である。

大谷一良は、写真のみならず文筆の芸にも巧みだった三宅修とともに、まちがいなく〝串田教室〟の模範生だといえるだろう。

＊

大谷一良が師事した畦地梅太郎氏は、愛媛県の出身で、生まれたのは一九〇二（明治三十五）年。若くして東京に出て、さまざまな職業を転々としながら版画一筋の道を歩みつづけ、一九九九（平成十一）年、九十六歳の天寿を全うしている。

生前、好んで彼方此方《あちこち》の山に登り、かずかずの山の風景作品を遺したが、畦地版画でもっとも多くの人に親しまれているのは、なんといっても「山男」の連作であろう。山の気を一身に具現したような、あの素朴でぬくもりのある「山男」の像によって、畦地梅太郎はその画業の頂点ともいうべき独自の様式を創りあげた。

『アルプ』の第二号の口絵は、その畦地さんの「山男」の版画で飾られているが、それを借りるために初めて畦地宅を訪れた三宅修は、その時の印象をのちに次のように述べている。

《すでに以前から山の雑誌で画文を見ていたし、数カ月前に出版された画文集『山の眼玉』で、作品を通した作者像は秘かに描いていたものの、わたしの中には版画「山男」の印象の強烈さがほとんどそのまま、未知の畦地さんにオーバーラップされていた。

驚いたことに、玄関で出会った人は、まさに、あの「山男」そのものであった。素朴純情で、纖細で控え目で恥しがり屋で、そのくせ〝ずしん〟とした重量感と安定感があって……。世俗の垢とは無縁の、山男が、そこに立っていた。》（別冊『太陽』「山の版画家畦地梅太郎」平凡社刊、二〇〇三年七月）

三宅君のこのことばは、畦地さんを識るだれもが感じている、この人の純朴な人柄を的確にあらわしている。たしかにそういう人でなくては、あの親しみのこもった「山男」の像は生まれなかったにちがいない。

畦地さんの画文の登場も『アルプ』二号からで、「峠から峠へ」という紀行文である。

途中でひろった太い煤竹《すすだけ》に、「特製の水分」の入った貧乏徳利を二つぶらさげて、その竹竿を肩にかついだ飄逸《ひょういつ》な線画が添えられている。文も絵も畦地さんの人間そのままの飾らない素朴な趣のものだ。

第二号に載ったこの画文は見開き二ページ分の短いものだが「未完」で、それから第三号、四号、五号とつづいて「おわり」になる。紀行だからいちおう時と所を軸にした形式は保っていて、四つのどの号とも見開き二ページに挿絵とともにきっちり収まっている。

この四号連載の紀行画文を第一作として、その後も、畦地さんはほとんど毎号といっていいくらい『アルプ』に登場する。いまあらためて『アルプ』のバックナンバーを調べてみると、初登場の第二号から第五一号までの全五十号中で畦地梅太郎が登場していないのは、第一六、第二六、第四一、四二、四三、四四の六号だけで、余号のすべてに畦地さんは作品をかいている。つまり登場回数は五十号中四十四回、ほぼ九〇パーセントの高頻度になる。模範的な勤勉さだといっていい。

串田さんの執筆回数を別にすれば、畦地さんのこの例外的にさかんな執筆ぶりは、編集長の大洞正典氏の厚意にみちた応援の気持ちが、欲気のない畦地さんにつよく作用したのではあるまいか。大洞さんは畦地さんとおなじ伊予・愛媛県の出身なのである。東京生まれのわたしには、地方出の同郷者のもつ心の紐帯《ちゅうたい》というものが、ときに羨ましく思われることがある。大洞さんの肩入れで、畦地さんの版画集がなんどか創文社から出ているし、著作も『アルプ』その他に発表した作品をまとめて『山の足音』、『山の出べそ』、『せつなさの山』、『北と南の話』、『山のえくぼ』の五冊が創文社から出版されている。『アルプ』を仲介にした畦地さんとわたしとの関係は、そう深いとはいえない。

戦後の日本の画壇が〝抽象〟という熱に浮かされていたころ、畦地さんもその影響をうけたのか、絵作りが〝抽象〟に傾いた一時期があった。その頃、直接ご本人にむかって言ったのか、それともなにかに書いたのか記憶があいまいだが、畦地さんの版画に〝抽象〟はふさわしくない、というような生意気な意見を述べたことがあるのだ。そんなことから、どうもわたしは〝うるさい奴《やつ》〟と、おとなしい畦地さんに警戒されたようなふしがある。したがって、版画家としての畦地さんご本人の姿を、わたしは親しく存じあげているわけではない。

だが、こんなことがあった。なんの用事だったたか、千歳烏山《ちとせからすやま》のお宅に伺い、おうちの方の許しを得て、あまり広くない仕事部屋に入れさせてもらうと、畦地さんは仕事机にかがみこんで熱心に版を彫っておられた。仕事中のおじゃまをしてもわるいと思い、かなりそばに近よって黙って立っていたが、畦地さんはわたしの姿が目に入らなかった。静かに熱心に版木を削っていた。しばらくたって、ためらいながらわたしが挨拶をすると、畦地さんは顔をあげて初めてわたしがいるのに気がついたのだが、わたしはそこで、仕事に没頭する人のいちずな姿を見たと思った。

ところで、その版画家としての畦地梅太郎氏の作品については、本格的な評論をふくめて多くの頌辞《オマージュ》が捧げられているのだが、その「文章」についてはどうなのか。さきにみたように畦地さんは『アルプ』その他の雑誌などに書いた文章をまとめて創文社から五冊もの本を出しているのだが、にもかかわらずその「文章」についてまともに評したものを、いまだにわたしは知らない。

山の世界には、画家でありながら文才にめぐまれた芸術家がめずらしくなく、絵と文とがおなじ作者による「画文集」という山の本があって、上等な内容と造本で、山の本に親しむ登山者たちによろこばれてきた。戦時中の一九四一（昭和十六）年に朋文堂から出た加藤泰三の『霧の山稜』は、それまで類書のない画文集だっただけに多くの山好きに歓迎されたし、戦後には五七（昭和三十二）年に畦地梅太郎の『山の眼玉』、五八（昭和三十三）年に上田哲農の『日翳の山ひなたの山』の二冊が朋文堂から出ている。どれも、社主の新島章男《ふみお》が精魂こめて制作したもので、絵と文とが等価の扱いでレイアウトされ、それが独特の相乗効果をあげて、まさに「画文集」の範ともいえる見事な出来栄えになっている。

それにくらべると、創文社発行の畦地梅太郎本は文章が主体で、絵のほうは色刷り別丁の版画がサービスのように一、二点ないしは三、四点ついてはいるものの、どれも本文と同刷りの絵が適当なページごとにぽつんぽつんと入っているだけで、とても「画文集」とはいえない。『アルプ』誌面での畦地さんの紀行文あるいは随筆のほとんどは、ページごとに文と半々に絵が描かれていて、それはまさしく「画文」なのだが、それらを集めた単行本のほうでは、その絵がわずかに活かされるか、かき改められるかして、ご愛想ていどに組まれているだけ。つまり創文社版の畦地本は、まえに出た『山の眼玉』とちがい、著者の挿絵入りの〝文集〟といったほうがただしいのである。

さてそこで、その畦地さんの「文章」のことになるのだが、たしかにそれは、さきに三宅修君が描いたようなこの人の素朴で純情な人柄そのままで、それが畦地梅太郎氏ならではの独特な文体《スタイル》をうみだしている。山で出遇うちょっとしたできごとでも、この人の筆で綴られると、気取りのない、ほのぼのとした味わいの好文となって、読む者の心をなごませたり、微笑ませたりしてくれる。繰り返すが、それは畦地梅太郎という作者の人柄そのままの魅力で、作者を離れた文章そのものの力ではない。したがって短い文章ではその人柄による巧まざる味わいで読まされるのだが、こと長い紀行文となると、それだけでは済まされなくなるのだ。

文章には〝構成〟という造形上の技法が必要なのである。何を書くかということと同時に――ときにはそれ以上に――何を省くかということが重要なのである。それは絵の制作の場合とすこしも変わらない。〝構成〟を意としない畦地さんの文章は、首尾が必要な紀行文では、そこで見たり感じたりしたことがらの平板な羅列に終始してしまい、全体として締まりのない、だらだらした作文ができあがる弊をまぬがれ難いのである。

『アルプ』誌上でのその実例をみてみよう。

第一一号の「白馬大雪渓」にはじまる畦地さんの「北アルプスの記」は、一六号だけはぬけるが第二二号までもつづく、じつに十一回におよぶ長篇紀行文である。少なからぬ人数のパーティの一員として畦地さんが参加したこの山行は、大雪渓から白馬岳に登って、それから黒部谷の祖母谷《ばばだに》温泉に下り、阿曾原《あぞはら》から仙人谷、池ノ平、剱沢のコースで立山に登頂し、さらに一ノ越から浄土山、ザラ峠、五色ヶ原、スゴ乗越《のっこし》、薬師岳、太郎兵衛平、北ノ俣岳、黒部五郎岳と縦走した大がかりなものだったから、その紀行文が長丁場になるのはやむをえないが、それにしても一つの山行の紀行が十一回の連載というのは、いかにも異常で長すぎる。くわしく数えたわけではないが、四百字詰めの原稿用紙で合計およそ百枚ちかくにもなろう。長くても叙述に生彩があれば読ませるのだが、山行中での所感やできごとの些事《さじ》がなんでもごたごたと書いてあって、全部を読み通すのにわたしには忍耐が要る。おかしなことに、この紀行文は黒部五郎岳でとつぜん打ち切られて、連載は中途半端のままでおしまいになっているのである。山行そのものは黒部五郎岳からさらに三俣蓮華岳、樅沢岳、槍ヶ岳、そしてたぶん穂高岳まで縦走がつづけられただろうと思えるのだが、この腑《ふ》に落ちない終わりようは、一体いかなる事情によるのか。終回の第二二号のあとがきに畦地さんはこう書いている。

《「アルプス記」は、はじめの予定では年内に終らすつもりであったが、ついに終らなかった。次号からの分は、創文社近刊予定の拙著画文集『山の足音』に掲載することにした。／あらためて、『アルプ』には新年号から「雪の八ヶ岳」をかくことにした。それは、今年の一月十日頃に、赤岳方面へ登ったときのことだ。赤岳鉱泉の若者から、装備だけは、一人前の登山家だがと、からかわれたりした。そうした思い出をつゞり

たいと思っている。》

年内に終わらす予定だったが終わらなかったので、新年号から別の山行の思い出を書くというのである。そんな説明は筋が通らないし、それにそんなことを許す雑誌のほうもどうかしている。長い連載でくたびれたから、ここでちょっとひと休み、というのなら話がわからぬでもないが、次号からあらたに別の山行のことを書く余裕があるのなら ば、この連載にきちんと結末をつけてから新しいのにとりかかるべきであるのに、畦地さんには、どうもそのへんの分別が狂っているらしい。

それだけではない。書き残したあとの部分は創文社から近刊予定の『山の足音』のなかで書きつぐ、というようなことを述べていながら、それは実行されず『アルプ』に載った中途半端のまんま、この長篇紀行文は平然と本に収まっているのである。

「北アルプスの記」につづく「雪の八ヶ岳」についても、上記とおなじことがいえる。この紀行は、第二六号はとぶが第二三号から二九号までの六回連載。同行の友人たちや、その他の登場人物らの言動が、書かでものことまで書いてあるが、山行そのものは六回の連載を必要とするほど内容の充実したものではない。そしてここでも、入山のときのことはばかに詳しく書かれているにもかかわらず、下山のことについてはなんの記述もない。

八ヶ岳につづいては、第三〇号から三四号まで五回にわたって「燕岳」が連載される。これには串田孫一氏と写真家の内田耕作氏（単行本ではAさん、Bさんと実名が伏せられている）が同行するが、ここでもあれこれの人間の動きが騒がしいうえに、ビールずきで撮影で張りきるBさんの活躍ぶりに、いたずらに筆が振り回されている。

つづく第三五号から四〇号までの六回連載は「南アルプスの記」。これは「雪の仙丈岳」と「早春の駒ヶ岳」の二章から成っているが、おなじ一つづきの山行である。そしてここでもまた同行者その他の人間のことがごちゃごちゃ書かれているのは、まえの諸作とおなじ。尻切れトンボの紀行でおわっているのも、またおなじである。

──以上、謙虚で正直な畦地さんの人柄を思いうかべると、その文章を酷評する体《てい》の憎まれ口を叩くのはまことに気の重いことだったが、『アルプ』の常連ということでその文章の中身にふれずに済ますことはできないので、ためらいがちな自分を督励しつつ、あえて所感のありのままを書いた。畦地さんのファンは多いはずだから、これを読んで不愉快を覚える人も少なくないだろう。

ここに挙げた四つの例でもわかるように、畦地さんの文章は、同行者があると律義《りちぎ》というか呑気《のんき》というか、そちらの言動のほうに筆がながれてしまい、肝心の山の描写がおろそかになるのである。当然のことに、同行者がいなければ、この弊はおこらない。さきにみた畦地さんの『アルプ』登場の第一作「峠から峠へ」は、四国の山のひとり歩きの紀行で、これは文章にムダがなく、程よくまとまった佳作になっている。ひとり旅であったことに加えて、むかしのことを綴った文章なので、その思い出が〝時〟の経過の篩《ふるい》にかけられて余計なことはしぜんと淘汰され、記憶に刻印された肝心なことだけが書かれているせいでもあるのだろう。畦地さんの郷里である四国の山の多分に人里くさい、おっとりした風土の雰囲気が、飄然《ひょうぜん》としてユーモラスな作者の所行とあわせて、かろやかな筆致でえがかれている。

おそらく四国の山のことを語らせたら畦地さんを越える者は、まずいないであろう。現地の山歩きに年季が入っているだけでなく、この人は「畦地梅太郎」という風土色ゆたかな名前そのものが示すように、素朴な〝土地柄〟がそのまま〝人柄〟になったような人だったから。

以上を要するに畦地さんの文章は、その人柄の〝純朴さ〟が、くつろいだ随筆やスケッチ風の小品では巧まざる持ち味で効果を発揮するのだが、いっぽう同行者のいる長《ちょう》尺《じゃく》の紀行文などでは、それが無頓着な作文を生む要因としてはたらくことになる。おなじ要因がその表現の形式の違いで長所にもなれば短所にもなる、というわけなのである。

以上、だれも筆にしない畦地さんの「文章」について、いささかしつこくからみ過ぎたようだ。ここで本業である「版画」の畦地梅太郎氏の仕事に筆をもどすと、この人の晩年は輝かしい栄誉につつまれている。世界各地でひらかれる国際版画ビエンナーレ展に日本代表としていくどか出品しているし、国内ではいくつかの文化賞を受け、名誉会員や名誉市民の称号も贈られている。

さらに一九八八年には、南海放送が文化事業のひとつとして松山市に「畦地梅太郎記念美術館」を設立し、このことは畦地梅太郎氏の生涯を祝福する格別の慶事になった。洗練されたデザインの現代建築の館内には、三千点を超す畦地作品が収蔵・展示されて、見事な〝畦地梅太郎の世界〟が造成されている。開館の当日、挨拶に立った八十六歳の畦地梅太郎氏は感きわまって一語も発することができず、ただ涙があふれるだけだったという。

器用な世渡りのわざに暗く、金銭欲にも名誉欲にも無縁だったこの人の〝とぼとぼ歩き〟の人生が、このような晴れやかな栄誉で酬《むく》われたことは、人間の生き方の誠実さを考えるうえで、その意味が大きい。

畦地さんの歿後、二〇〇三年に、この人の生まれ故郷の三間《みま》町にも、川崎市鶴川の自宅アトリエを再現したコーナーがある「畦地梅太郎記念美術館」が設立されたことは、かさねての心あたたまる慶事であった。

＊

「画文」のことでは、『アルプ』にとって、辻まこと（本名は辻一《まこと》と書く）の名前は欠かすことができない。

辻さんの作品が初めて『アルプ』に掲載されたのは第五号で、「ツブラ小屋のはなし」という原稿用紙七枚半ほどの短文と、一ページ大の挿絵である。絵は、小屋のベランダと、小屋のそばの岸に寄せられたボートが浮かぶ山湖が大きく描かれていて、小広いそのベランダにはギターや山靴や本やノート、それに岩登りの用具なんかが乱雑に置かれてあって、その絵だけ見ても小屋の住人たちの暮らしぶりが想像できる。湖は富士五湖のひとつの西湖《さいこ》で、その入江の岸に辻まことの仲間が建てたのがこの「ツブラ小屋」である。若い仲間たちがそこに寄り集まって自由気ままな暮らしをたのしんだのだが、小屋の建った三年目に一人の仲間が亡くなり、翌年にまた一人が死んだので、辻まことは一人で行くことが多くなった。その小屋に毎日、三人のおかしな人間がやってくる。

出稼ぎの舟大工のあとを追っ駆けて家をとび出し、村の連中にドラを叩いて山の中を捜させたことから「ドラブッタお文」と呼ばれている出もどりの娘。彼女は小屋に来て食事をつくるのが役目で、料理にはきまってマヨネーズをかけて出す。

村びとから「先生」と呼ばれているおとなしい狂人の男は、辻まことが薪割りをたのんで、朝めしをサービスして以来、それが自分の永遠の仕事であるとでも確信したのか、朝早くやって来て薪を割り、朝めしをたべ、それからきまって自分が持参した古新聞を三十分ばかり読んで、そして静かに帰ってゆく。

午後になると、頭のおかしい太郎がやって来て、「学生さんパッパけれ」とせびり、ベランダで立てつづけに煙草を五本ふかして、みながなぜ自分を白痴あつかいにするのか、嫁とりのことでもほかの者に許されていることが、なぜ自分にだけは許されないのか、と憤懣《ふんまん》を訴える。

《わたしは太郎の難問にいつも答えることができなかった。／お文さん、先生、太郎は、わたしにとってそれぞれ意味の深い黙示録であった。》

と、辻まことは書いている。

奇矯《ききょう》で知られる父親を見馴れたせいでもあるのだろう、かれらをみつめる辻まことの目はおだやかで、やさしい。常識という世間の慣習にしばられない、それぞれに自分の本性に忠実な正直な人間——すくなくともニセモノではない人間——を見ている。

この辻まことの『アルプ』に載った第一作は、軽い筆致のさりげない小品だが、これを読んでわたしが感服させられたのは、ほんのひと筆書きのクロッキーで一人ひとりの人間の像をあざやかに描き出していることだ。それぞれが個性的であることにもよるが、それればかりではない。できるかぎり省略を利かせて文の要所をきわ立たせる筆のわざは、その後の機知とユーモアに富む辻まことの山の諸作品で絶妙な効力を発揮するのである。たとえば、第五〇号に載った「小屋で暮したとき」(「小屋ぐらし」と改題されて『山からの絵本』に収録)や、第八一号所載の「一人歩きの山旅で」(同じ本で「一人歩けば」と改題)、また第八五号の「けものたちと私」(「けものたち」として同書に収録)のなかのいくつかの掌篇などがその好例で、第一〇〇号所載の「多摩川探検隊」なども、無雑作で大づかみの文章が、巧まずして軽妙かつ鮮明な効果をあげている。その他どの文章をとってみても不要な表現はいっさい排除されて、要点があざやかにピシッときまっているのだ。

そんなわけで、辻さんの文章はなんど読んでも興味のつきない卓抜な魅力をもっているのだが、これと対《つい》をなす絵がまた自在なタッチで無類におもしろく、まことに辻まこ

版画に新境地を開いた畦地梅太郎(左)と大谷一良。第4回アルプ教室講演にて

「画文」の作者

画家であると同時に登山家でもあった上田哲農

『歴程』の詩人

仲間とともに『歴程』を創刊した草野心平

詩集『けものみち』の鳥見迅彦

『歴程』の主要同人のひとり、山本太郎

となではのユニークな世界を創り出している。——ということで、この人は『アルプ』の常連として、いくつもの作品をかかされることになる。この人は欲気がなくて、みずからすすんで積極的に仕事をする人ではなかったから、もし『アルプ』からの依頼がなかったら、山の画文をかくなどという仕事は生涯しなかったかもしれないのだ。『アルプ』に係わったことがひとつの契機になって、ほかの山や旅関係の雑誌などから画文の依頼がくるようになった。そして辻まことはそれを承《う》けた。しかし較べてみると『アルプ』に掲載された作品がやはり格別に上等で（地方三紙に載った「けもの捕獲法」のような傑作の例外もあるけれど）、この雑誌にたいする辻さんの好意のほどがわかるのである。

結局、辻さんは『アルプ』に発表した作品を主として、生前に『山からの絵本』（創文社）、『山の声』（東京新聞社）、『山で一泊』（創文社）の三冊の作品集を出すことになる。どれも愉しい絵がたっぷり入っていて、ゆたかな感性と洗練されたユーモアに充ち、こんな高級で秀逸な山の本は類がないといっても過言ではあるまい。

文や絵、音楽の才能にもめぐまれた芸術家・辻まことのことを深く考えると、どうしてもダダイストの父親・辻潤との血のつながりを思わないわけにはゆかなくなる。尾崎喜八さんは「まこと君の才能はおやじの天分を受け継いでいるね」と、わたしに語ったことがある。母親は伊藤野枝で、野枝が辻潤をすててアナーキスト大杉栄にはしり、関東大震災のどさくさにまぎれて大杉とともに憲兵大尉・甘粕正彦に殺されたことは周知の事件だが、辻さんは母親の野枝については、ほとんどなにも語っていない。

妻に去られた完全な生活破綻者の父親をもった、まこと少年の日々は暗かった。それについて、ひとつの証言がある。証人は、北原白秋の妹を妻にもつ画家の山本鼎《かなえ》の長男である詩人の山本太郎。すこし長いが、参考となる冒頭の部分をここに借用する。

《子供のころ、父のところへたづねてくる二人の奇人がいた。一人は高尾山というアダ名で、どうやら画家の類《たぐい》だったらしいが、月に一度ぐらい、おもい出したように高尾山からドテラ姿でやってきて、傍若無人に金をせびっては帰ってゆく。髪はボウボウ。荒縄を帯がわりにまきつけた怪人物で、とても仙人というわけにはいかず、子供達の恐怖の的であった。僕達が我儘を言ってオフクロをこまらすと、祖母はよく「高尾山がくるよ」などと言っておどかしたものだ。もう一人の奇人は、これぞホンモノの超人で、フロックコートに下駄ばき。ヴァイオリンをぶらさげて玄関に立つと、なにやら一曲ひき「おーい、鼎《かなえ》はおるか。いっぱいのませろ」などと大声をあげた。子供達が高尾山のようにヴァイオリンをこわがらなかったのは、鬼面人を驚ろかすハッタリのなさに本能で反応していたからだろう。ヴァイオリンはたいてい中学生（？）位の男の子をつれていた。庭からそっとのぞくと、男の子はオモテで石コロなど蹴ってヴァイオリンが出てくるのを、恥かしいのをぢっとこらえて待っている様子だった。その子が辻一だとわかったのは、むろんずっと後の話。歴程で知りあってからの事だ。ヴァイオリンはもちろん辻潤先生である。数々の奇行をもって鳴る辻潤は同時に深遠なる哲人で、デスペラの作者でもあるが、ヴァイオリンのセガレが味わった苦労はなみたいていのものではなかったろう。》（『歴程』一九七六年五月「辻まこと追悼」号）

辻一《まこと》はまさにこういう境遇のなかに育った。尺八を吹いて物乞いをする父親のそばで、屈辱に面《おも》を伏せるようなこともあったかもしれぬ。成人して武林無想庵の娘イヴォンヌとのあいだに三女までもうけた結婚と、その離別のことなど、その他あれこれと並みの人間の何倍もの人生経験をしたはずなのに、辻まことは父親と行ったパリでの生活や女のことなどをふくめてその過去を語ろうとしない。本人が語りたがらぬことを、わたしは強《し》いて探ろうとは思わない。わたしの知っているのは俗に住んで生活の濁った垢など露ほども感じさせない、さわやかな笑顔の辻さんである。わたしにはそれだけで充分である。

その後の生まれ変わった辻まことについて、山本太郎氏の文をもうすこし続けて読んでもらおう。

《辻まことにも奇人的要素がなかったとはいえないが、かれはそれを見事に大常識の域にまでたかめる事に成功した稀な才能の持主だったといえる。マコちゃんの言葉に、狂気ではなく超気というのがあるが、無類のユーモアと洗練されたジェントルマン・シップとが矛盾なくコンデンスされた辻一なる人格は、日本人特有の湿潤の気がなく、きわめてクリアーで硬質の詩情を生き抜いた人だ。マコちゃんは僕のスキーの先生でもあるし、釣りや狩猟その他、大自然の摂理を、人間のありようもふくめ、経験を通して教えてくれた人生の師である。あの底なしの優しさ、きらいなものは徹底的に無視するきびしさ、孤高という姿勢をとらなくても、雑踏のなかで他人と混乱しないで生きてゆける単騎独往の精神構造は、僕などには計り知れない辻一の体得だから、そのすべてが新鮮だったのだ。周知の如くかれは詩文も絵もスポーツも音楽も——つまりは文武両道に達意の人だったから、いわゆる〝詩人〟などという肩書きでくるわけにはいかない。あいまいな表現だが、その死をふくめ、生きざま自体がポエジー、とでも言うほかない不思議なタイプの一人であった。》

辻さんは人間の底が深く、精神構造も簡単ではないはずだから、十人が辻さんを語れば十人それぞれの辻まこと像ができるはずだが、含蓄に富んだ人間の魅力という点では、だれでも見方が一致するだろう。人のこころを明るくする開豁《かいかつ》な笑顔と、思考の骨格をなす自由で的確な洞察力、それが辻さんの人間の魅力であり、それがそのまま辻さんの作品の魅力になっている。

辻まことの絵については、山本太郎氏と同様にもっとも深く辻まことに親炙《しんしゃ》し、『辻まことの思い出』（みすず書房）を著した宇佐見英治氏の述懐がある。シャープで辛辣《しんらつ》な警句と絵で現代社会のもろもろの現象を痛烈に揶揄《やゆ》し嘲笑した、辻まことの風刺画文集『虫類図譜』について所懐を述べたあとで、宇佐見英治はおなじ『歴程』の追悼号でこう書いている。

《『山からの絵本』、『山の声』、『山で一泊』にある絵や個展や竹林会で見かけた辻さんの絵の大半は、これに比べると、対象への愛と自身の孤独なかげが、冷やかに、しかし本当は空の青のようにあたたかく描き出されている。たとえば、紙数がないので、ただ一点のみあげるのだが、『山で一泊』に挿入されている「左内重蔵先生熊取之勇姿」（一〇七・一〇八頁）は辻さんが描きえた最高の肖像画であり、まことに堂々たる気韻、画格を感じさせる。この左内重蔵先生は、穴を掘って戸板をかぶせ、内にしゃがんで、板のあなに足を入れる狼を戸板ごと捕える強《ごう》の猟師で、炉辺で話に身を入れた像などは狼や兎の臭いまでを感じさせる。

これらの絵には山気、山容、山小屋の内外、夜と朝、森と湖、炉辺を描いたものが圧倒的に多い。どうやら文と絵とは辻さんにとっては不離一体のものであったらしく、これらの文集を読む愉しさは何よりも絵日記を読む無心の愉しさにある。》

わたしの考えでは、もしも辻さんの作品が『アルプ』に欠けていたら、この雑誌の生彩はかなり薄れたであろうことは、まず疑いない。

一九七五（昭和五十）年この人が六十二歳で亡くなったとき、『アルプ』二一八号は普通号の二倍半にちかい一六四ページの「辻まこと特集」を組んで、その長逝《ちょうせい》を悼んだ。つづいて、『歴程』でも「辻まこと追悼」を特集し、矢内原伊作、宇佐見英治氏らの同人誌『同時代』三一号でも哀惜の特集を組んだ。その『同時代』の三〇号に発表されたのが、あの神品ともいうべき辻まことの白鳥の歌「すぎゆくアダモ」である。

＊

山の画文では、また上田哲農氏を逸することは許されない。

この人は一九一一（明治四十四）年、中国の天津で生まれた。文化学院美術部を卒業して水彩画家として立ち、日展審査員、一水会委員をつとめた。詩的感覚の冴えた文をよくし、それが上田哲農流の独自の絵と組み合わせになって、純心かつ清冽な一世界を創造している。その結晶が『日翳の山ひなたの山』である。

上田さんは画家であると同時に本格的な登山家であった。安全な尾根歩きで満足する登山者でなく、岩や氷雪の山に挑むアルピニズムの信奉者だった。それは若き日の上田哲農の山歴を調べればあきらかなことで、パイオニア的正統登山の実践団体である日本登高会の創立に参加し、谷川岳南面の険谷オジカ沢の初登攀をも果たしている。

それゆえ、上田さんの画文集の絵は、多くの画家のようにふもとから眺めた山の姿を描くのではなく、山の中で見る山を描いたものが多い。民家の並ぶふもとのむこうに白い山々が連なっているスケッチ風の好ましい絵もあるにはあるが、余人のまねをゆるさぬ上田哲農流の絵といえば、やはり登山者の眼でとらえた山の姿である。画面にしばしば雪稜や雪の斜面を登高する登山者の姿が描かれているのも、アルピニストとしての上田哲農の精神のあらわれであろう。

上田さんの『アルプ』掲載の第一作は、第一八号に載った「海沢行」という遡行記でである。奥多摩の海沢《うなざわ》といえば、わたしが十代のなかごろに沢登りの初体験をした場所で、ネジレの滝という大きな釜をもつ滝の直登がおもしろくて、戦時中にそれからなんどもでかけた沢だが、上田さんのこの画文は過去の山行の回想記ではなく、十五年ぶりの三度めの遡行だという現在形の紀行文である。

その後、上田さんは第二五号の「雪山詣」、第四三号の「利尻・羅臼・オホーツク」、第五八号の「新雪」、第七七号の「剣岳のまわり」、第一二〇号の「コーカサスの暗い朝」、その他をあわせて十五篇の画文作品を『アルプ』に載せているが、そのほとんどが現在形のものであり、このことは五十代をむかえてもなお上田哲農が現役の登山家であったことを証明している。国内の山での活動がさかんであっただけでなく、かつがれて第二次のＲＣＣ（ロック・クライミング・クラブ）の代表に就任してからは、カフカズや中央アジア・パミールの登山隊長として海外にも遠征している。明治生まれの登山家でこの時期に現役で活躍しているのは、当時としては稀有《けう》のことだといえるのではないか。

ここで、私事にかかわる上田さんの思い出をすこし書くと、わたしはこの人から仲間といっしょに絵の指導を受けたことがある。奥武蔵の名栗川の奥に山仲間で借りたかなり大きな山荘があり、そこに上田画伯を招いて絵の勉強会をすることになった。上田さんはこころよく承知してくださり、その夜は囲炉裏をかこんで、先生と生徒というより登山者どうしの親しさで話がはずんだ。

この名栗川の山荘での講習の翌年だったか、翌々年だったたか、こんどは八ヶ岳の裾野の清里で勉強会をやることにした。美シ森の下のロッジに一泊して、翌日それぞれ適当な風景画の制作にいそしんだ。清里の風景の圧巻はなんといっても豪快な赤岳だが、油彩にでもしなければその力感を表現するのはとても無理なので、わたしは裾野のむこうにかわいい頭をそろえている天狗山・男山を色鉛筆で写生した。あちこち指導していた上田さんがまわってきて、わたしの絵を見て「なかなかかけている」とほめてくれて、赤く半身に陽をあびた天狗山に、黒で二、三本ぐいと強い線を入れ、描きたりない絵の部分にも少々手を加えると、とたんにそれがアクセントになって山がぐんと立体感を増し、わたしはその効果のほどにおどろいた。

この絵は後年、わたしが平凡社から『山頂への道』と題する紀行・エッセー集を出したとき、限定の特装本を作ることになり、天狗山の部分だけ印刷にとって、それを帙《ちつ》の表に貼った。クレジットには「山口耀久＋上田哲農」とあるので、どういうことかと訊ねられたことがあるが、事情は右のごとくで、山口耀久・上田哲農の合作という意味である。上田さんの合作画などおそらくほかにはないはずだから、この原画は貴重といってよいだろう。

上田さんのことでは、山と絵のほかに、もう一つ書いておきたいことがある。催眠術のことだ。

「上田さんは催眠術ができると自慢しているけど、さっぱり効かない」と、上田さんを識る若い連中が笑い話のタネにしているのを耳にしたことがある。上田さんを師と仰ぐ芳野満彦も中公文庫版『日翳の山ひなたの山』の「解説」で、こんなことを書いている。

《先生は実にだまされやすい。自ら催眠術の名手と称して、よく若い山の後輩などをその術の実験台に乗せられたが、（中略）よほどのマヌケか先生の信奉者以外は催眠状態にはならない。皆ただ催眠状態になった真似をするだけなのだが、先生はそれで満足していた。仕掛人が反対に、だまされているのに気が付かないのだ。》

ところが、右のごとき評言にもかかわらず、上田さんの催眠術は効いたのである。芳野満彦のいう「マヌケ」でも上田哲農の「信奉者」でもない者に、である。

名栗川の山荘を使って絵の勉強会をやったとき、上田さんが、催眠術の実験をしてみると言った。五円玉の穴に糸を通し、その糸で五円玉を吊って、二本の指で糸をつまんで静かに五円玉を回しはじめたのである。上田さんを囲んで立つ仲間たちのほとんどは、なんだそんなもの、といった醒めた顔でながめていたが、なかにひとり、ゆるやかに回転する五円玉に心魂を奪われて、みごとにそれに引っかかってしまった。上田さんに「横になれ」と言われると、そのまま部屋の床《ゆか》に横になって眠ってしまい、なんど名前が呼ばれても反応を示さない。上田さんがパンと手を叩いて気合いを入れると、ハッと目がさめて起きあがったのだが、いままで自分がどうなっていたかは、まるで憶えていない。

これでわかったことは、催眠術というのは懐疑派や不真面目《ふまじめ》な者にはかからないが、単純素朴で正直な人間はそれにかかりやすいのである。結局、人によりけりで、上田さんの子供だましみたいな催眠術も、効く者には効くのだ。

上田さんの名誉のために、虚言ではなかったと、ここに証言しておく。

*

画文の作者としては、ほかに永野英昭、中村朋弘の両君もいる。二人とも昭和生まれの若手で、以上に述べた画家たちと較べると、絵ではプロとアマの違いがあるのはやむをえないが、どちらも人間がまじめで正直だから、そのていねいな仕上がりの作品が

『アルプ』の誌面に新鮮な興趣を添えたことは確かだろう。

永野英昭君の作は、微笑をさそう絵と文が仲よく一体となって、こぢんまりとまとまった文章は山行中の小さなできごとを扱ったものが多い。ユーモラスでおとなしい文章のなかに、ときにちょっとしたさびを利かせて、落語の小咄に通じるような洒脱な軽みの味わいがある。作品集が出ていないのが惜しまれるが、かれの個性にふさわしい瀟洒な画文集が上木《じょうぼく》されてほしいものだ。

中村朋弘君はたびたび個展を開いているから、絵ではもうアマチュアといえないのかもしれない。文章はときにやや固く、それがかれの胸中の詩情のしぜんな流露を妨げているようなところがあった。作文にむかうときの緊張した気構えが、そういう固さをうんだのかもしれない。絵も文もいくつかの異なるスタイルが試みられているが、その試みがそろそろ斉一化されて、かれなりの独自の山の世界が完成されることを、ながい付合いの友人としてひそかに希っている。

その他、手馴れた画文の作者として、藤江幾太郎、坂本直行、村上巌、熊谷（大野）榧、一原有徳、滝沢正晴、磐広人、小野木三郎、大滝重直、山室眞二氏などの作品が、それぞれの画風と文の持ち味で『アルプ』の誌面に彩りを添えたことも付記しておきたい。

第五章

『歴程』の詩人

『アルプ』には、辻まこととは別に『歴程』から幾人もの詩人が参加している。辻まことは詩心《ポエジー》の人でありながら、詩作を業《わざ》とするいわゆる〝詩人〟ではなかったから、『歴程』の詩人群のなかでは異色の存在だったが、そのほかの『歴程』同人の詩がいくつも『アルプ』の誌面を飾ったのである。

『歴程』は党派としての旗をもたず、さまざまな強い個性をもつ詩人の集まりだが、その中心人物は個性的なことではおよそだれにもひけをとらぬ草野心平氏であった。草野心平といえば「蛙」の詩人として知られているが、かれの詩は宇宙的な混沌《カオス》のエネルギーに満ちており、それは富士を主題にした連作の詩集『富士山』にも一貫している。その作品のスケールの大きさにおいて、この国では草野心平の右に出る詩人はまずいないであろう。

その草野さんの詩が初めて『アルプ』に発表されたのは第一〇号で、題は「天山」。その前半の部分をここに引いてみる。

白ぶちや黒や白や。
千数百と思へる羊の群が。

默默默默十月の草をたべてゐる。
チビた雑草を默默たべてゐる。
たべながら移動しながらただたべてゐる。
ホーシク・ジャーズカといふのだといふこの界隈。
コンシンチユ部落にもう近いのだともいふ。
コンシンチユどこにあるか。
一望萬里だのにどこにも見えない。
タールとターズが五本ぼんやり立つてゐる。
そのぼんやりは木のせいではない。
風も吹かないから黄塵のせいでもない。
恐らくはぼんやりの時間のせいだ。
またはいちめん茫茫の習慣のせいだ。
ターズからとびたつたローワたちよ。
何処にゆくか。
向ふの方が東だとすれば向ふの方は西であり。

向ふの方が本当に東だとすれば西南に延延。
天山山脈がガチンカチン。

……………

〈註〉ジャーズカ＝平原／タール＝大葉楊《おおばやなぎ》／ターズ＝楊／ローワ＝鴉（以上すべてカザック語）

この詩を読んだだけでも、草野心平が第一等の詩人であることがわかる。一見無雑作なようで、じつは長年の修練できたえられた奔放で効果的なことばの駆使。この詩のもつ茫洋とした時間と空間の渾融《こんゆう》したイメージは、他の追随をゆるさぬ草野心平特有の世界であり、それはまた有《う》も無もあわせ呑む東洋的宇宙観に根ざすものだともいえよう。

草野さんの詩は、つぎに第二三号に「越後山脈」が載り、そのあとも三五号の「南天の村で」、四五号の「小岩井牧場」と、ほぼ間歇的に『アルプ』に発表された。こういう質の高い詩作品が得られたことも、『アルプ』の幸運のひとつであった。

＊

『歴程』は党派としての旗をもたない、とさきに書いたが、たしかにこの詩人集団には、扱う主題もその表現スタイルもいちじるしく違うさまざまな個性が共棲していた。

草野心平が仲間と共に『歴程』を創刊したのは一九三五（昭和十）年で、当時これに参加した顔ぶれをみれば、そこにいかに異なった性格の詩人たちが集まったかがわかるだろう。凄絶な「ウルトラマリン」の詩人・逸見猶吉もいれば、内向的な『懸崖』の抒情詩人・菱山修三の名もみえる。みずからダダイストを名のった高橋新吉もいれば、おなじくダダから出発した中原中也の名前もある。多彩なことばの組合せで俗離れした奇妙な味わいの詩を書いた岡崎清一郎、第三詩集『障子のある家』で平凡な日常生活の倦怠をぼそぼそと低い声で語った尾形亀之助なども、創刊の同人に加わっている。

戦後、『歴程』にはますます多くの毛いろの変わった詩人たちが加わって祝祭的な詩のグループを形成したが、その司祭役をつとめたのはやはり草野心平であり、かれを中心にしたこの詩人群のコアの部分のひとりに、山本太郎がいた。辻まことの終生の友でもあったその山本太郎氏の詩が初めて『アルプ』に登場したのは第五号。かれの「原生森異聞」と題する詩を目にしたときの、衝撃ともいえる鮮烈な印象をわたしはいまも忘れない。

鳥ノ群レガ　西空ヘナダレタ　ト言ウ
氷河ハ　らでんノ野ヲ侵シ迫ル　ト言ウ
森ハ兇暴ナ城デアリ　コトニ
青銅色ノ原生森ニ関スル
記憶ノ樹間ニハ
毒ヲ撒クモノノ影ガ動イテイル
アラユル　けもの　ガ生レル前ノ
コノ不思議ナ庭ノ朝焼ケヲ
ドンナ　力ガ通ッテ行ッタノカ
ひとり　ノ祭リヲ踊ッタモノノ
巨キナ足跡ガ　乱レ
湖水ノ縁ニ　遺ッテイル

山本太郎の詩はいったいに饒舌的で、俗語を多用するエネルギッシュな長詩が一種破調風のリズムで〝唄われる〟ものが多いのだが、この詩はめずらしく端正で短い形でまとめられている。そして放胆なことばの使用が極力抑えられたそのぶんだけ濃密で、ギーンとした圧力が高まっている。かれの自然にはつねに謎めいた生き物の影が横切っており、そこでは人間もまた横切ってゆく一匹の生き物にほかならない。いわば人間存在の根源にかかわるものとして、かれは山を自然を視ているのである。

この自然を透したノスタルジーにも似た原初への傾斜は辻まことにも共通しており、それは文明に犯された現代への反措定ではありえても、それによってかれらが現実にたいして気弱なペシミズムに陥ることはない。山本太郎も辻まことも精神の内部構造はけっして単純ではないから軽々《けいけい》な判断は控えねばならないが、この二人には現実を戯画化する諧謔精神があって、思想の骨格はたくましく、性格はむしろ楽天的であるかのようにさえみえる。

山本太郎は戦後詩のもつ自閉的な観念性をきらい、感覚でもって貪欲に外界を透視する詩法をえらんだ。その透視の視線が山の自然にむけられたとき、さきにみたような根源的で幻想的な詩がうまれる。かれの強引ともみえる実験的な語法は、その晦渋《かいじゅう》さでときに読む者を戸惑わせることもあるが、わたしは反文明的な幻視者としてかれがとらえたものをそのまま実感できれば、それでよしとする。

まえに述べたように、山本太郎の詩はことばが精力的に湧き出て長詩のかたちをとるのが特徴で、この「原生森異聞」のような圧縮された作品は異例であり、かれの詩としてはこれよりも、第三二号に発表された「悲しみはあらわにしつつ」のほうが適例であろう。

あおむけにねころび　てあしの肉を　とっくりゆるめ　神様のように
呆けていれば　空にはまったく　いろんなものがとおるのだ。
トリのかたちをしたもの　花びらのようなやつ　三角形の木魂　虫の真似をした
光斑　風に化けた蜻蛉　クラゲのようなやつ　紐のようなやつ　そうしてはるか
成層圏のあたりでは　魚の符号が動いているようだな。
おれたちも　とおるもの。いらくさのうえに　軽く浮んで　ぼうぼうと鳴る巨き
な時間の内部を　とおるものだ。　ひとときを尽して　夕映えがものすごい。

このあと、この三・五倍ほどの詩句が続いて、その終りの部分はつぎのように結ばれる。

月がでる。　森のけだものたちが　遠い湖とよんでいる　月がのぼる。
水なし沢で鳥がしきりにさわぐのは　不吉な動物があるいているからだ。
こんなにしみる山の夜では　巨きな蜘蛛が　ぶなの大樹に糸をまき　ひとりでみりみり倒すのだ。
こんなに碧い峠の夜では　ガラスを背負った熊の群れが　おろんおろんと哭きながら　谷間の方へおりてゆくのだ。
おれとお前は　しっかり黙り　山の審判に入ってゆくのだ。

この詩には「愛児を失った友へ」の副題がついている。全詩を写さねばその主題は見えてこないが、山本太郎の幻視がここでもかれならではの奥深いあやしい景状をえがきだしている。山本太郎が観念的な認識の詩人であるよりも生を根源とする直覚型の体感の詩人であることが、この詩を読むだけでわかるだろう。
『アルプ』に発表された山本太郎氏の詩は多く、ここにあげた二篇のほかにもすぐれた作品が掲載されて、誌面に異彩の花を添えていた。一九六一（昭和三十六）年に東京創元社から梓行《しこう》されたかれの詩集『単独者の愛の唄』には、それまでに『アルプ』に発表された右の二篇にくわえて、第二五号に掲載された「雪山の夜の童話」が入っている。雪山の夜の森でおかしな生き物が動きまわる、これも不思議な詩である。

二五号には、これに続いて「スキーの唄」という詩が載っているが、これは題名が「筋肉の歌」と改められて、いくらかの手直しがほどこされ、一九六〇（昭和三十五）年に書肆ユリイカから出た山本太郎の長篇詩『ゴリラ』のエピローグに使われている。辻まことの秀抜な挿絵が入ったこの滑稽で深刻で猥雑《わいざつ》な長篇詩は、六一年度の高村光太郎賞を受け、ニンゲン猿をおろかな犯罪者として糾弾《きゅうだん》する痛烈な文明批評になっている。

*

わたしの親しかった鳥見迅彦氏も『歴程』の詩人である。『アルプ』創刊の三年まえ、一九五五（昭和三十）年に出版されたかれの第一詩集『けものみち』（昭森社）は、ずらりと本がならぶ書店の棚でそれだけ一冊ふとわたしの目がひかれて、何気なくそれを手にとって開いたときの異様な胸のさわぎを、いまでも憶えている。鳥見迅彦という作者の詩人の名も、その時にはじめておぼえた。

この詩集の作品は暗いものが多く、それはこの詩人が若き日に社会主義運動にかかわり、治安維持法違反のかどで逮捕されて、その時にうけた凄惨な被虐体験の心の傷によるものであることを、わたしはのちに知った。

この詩集に収められた全四十一篇の作品のうち、その半数が山の詩だが、それは山の美しさを称えたり、山登りの歓喜や感激をうたったりする詩とはおよそ類を異にする。淋しい夕暮れ時の谷間や、きびしい岩棚での夜をうたったようなものが多く、山に在りながら下界での疎外感から逃れられない、暗い情念に脅迫されたような孤独な詩が多いのである。たとえば、『けものみち』所収の「徒渉」と題する次のような詩。

ほんとうにくらいここは谷間だ
はがねいろのそらから
へんにさむいかぜがふいてくる
きようは樹々も岩もいじわるくよそよそしいから
わたしは泣きたいような気がする
ざあざあざあざあざあざあざあざあ

この谿川はきりもなくながれつづき
白い波たちは花のようにみだれ虹のしぶきをあげ
そのきらきらの上を
二羽の蝶がもつれあいながらこえてゆく
わたしもこえてゆこう
しかしわたしはずり足そろそろ川底の石をあるいて

むこう岸には乾いた流木が死体のようにちらばつている

その鳥見迅彦の詩が、『アルプ』誌上ではその翳が薄れるか消えるかして明るい陽が射し、ユーモアの表情さえ浮かべるようになるのは、山好きの読者を対象にした雑誌の性格を考慮してのことだったのか、あるいは暗きにのみ沈んだおのれの作品の刷新を意図したものなのか、いずれにせよかれの作品のモチーフに変化がおとずれ、その幅がひろがったことは確かである。

第三五号に発表された「天のテラス」は、もう恐怖も孤独感もきれいに消えて、岩を攀《よ》じる登山者の手足の動きと、健康な歓びがじかにつたわってくる。

ルンゼをふさぐ雪を払って
縦にぐいぐいピッチをあげ
つめたく黒い岩肌に両手をかけて
ひと息いれる微風のうまさ。

背中に軽い空をのせ
つまさきに堅い地殻を踏んで
あやうくゆれるバランスを計り
重いリズムをしっかりと打つ。

煙霧が暗くたちこめる都会の底で
自分をみじめに思ったのはきのうのこと。
いまは明るい山地に自分の弾力を試み

高々と誇らしい展望を前にする。

チムニーは強引にのしあがれ。
まっしろい煤を頭からあびて両脚をつっぱれ。
上へ上へじりりりじりりりと抜穴をぬければ
天のテラスへもうすぐ手がとどく。

両手両足をたくみに使って、天に近づく空間を攀じ登る高昇感を知っている登攀者にとって、この詩はいうことがない。肉体の動きがそのまま歌のリズムになって、登高の爽快感を高めているのだ。

鳥見さんは実際に山登りやスキーをよくしたし、北アルプスにも登っているから、山の愉しさや怖さも充分に知っていたが、いわゆる〝岩登り〟をやるクライマーではなかった。それゆえこの詩は空想のなかでの登攀であり、しかしそれが、岩登りや本格的な登山などしたことのない詩人がつくるウソっぽい山の詩とちがい、岩登りの現実とすこしのずれもなく一致している。

鳥見さんは、わたしも会員であったある山の勉強会に入っていて、はげしい岩登りの実践者たちの話もよく聴いていたから、あやうく死ともつながる危険な登攀の実態にもよく通じていた。その〝罠〟とも思える岩の登攀の悲劇性が、被虐的感性の鳥見迅彦の詩心をはげしく揺すったのだろう、かれの詩には山の魔性に怯《おび》えたような暗い作が多いのである。ここでは、その反動ででもあるのか、その暗さから抜け出て、天の明るさのなかに解放される歓びが、肉体の歌となってうたわれているのだ。

鳥見迅彦の詩のモチーフの変化で、どうもわたしには気になることがある。「クララ」という若い女の子の登場である。歳をとっても華やぎがあるのは結構なことだが、この女の子は色っぽすぎて、わたしには老人の妄想の産物としか思えない。『アルプ』に発表された「クララ」の詩は、第八八号の「お花摘み」、一一一号の「高原ホテル」、一二〇号の「雁ヶ峰」「手の望遠鏡」、二六九号の「夏　縦走路のクララ」、二八四号の「森の裁判」の六篇で、彼女への欲情はあまり露骨ではないが、一九六九（昭和四十四）年に創文社から刊行の第二詩集『なだれみち』には十二篇、八三（昭和五十八）年に文京書房から出た第三詩集『かくれみち』には五篇、いずれも「クララ」の章立てで収められていて、これはかなり色っぽい。

『アルプ』第一五七号「山の仲間」の特集に載っている鳥見迅彦の「クララのこと」という一文によれば、この女の子は妖精のようであり、魔女のようでもあり、はたまたキツネかタヌキのようでもある、と言っている。詩人は妄想のなかで彼女とたわむれ、逆に彼女に弄《もてあそ》ばれている。

『かくれみち』に入っている「月下浴泉」のクララの詩を読むと、カナカナの声の消えた夕闇の谷間で、わたしが鳥見さんにかわって彼女と月下の浴泉を共にしてもいいような気持ちにもなるのだが、その彼女をむやみと岩場につれだして岩登りなんかやらせるのは、いくら空想とはいえ趣味がわるいし不自然なのだ。詩人の視線がちょいちょいとクララの「おちち」や「お臀《しり》」にゆくのは、まあ頷けないこともないけれど、その「お臀」が岩場のチムニー（体の入る深い割れ目）でコロップみたいに詰まったりしている（「チムニーのクララ」）のは、どうもあまりいいながめではない。

鳥見迅彦の詩で、健康で爽快なエロチシズムをうたった作品がある。第二三号に出た「雪の精」がそれで、ここにはスキー滑降の快感のなかに、やや嗜虐的な情念も覗かせている。この作品は若干の推敲がくわえられて『なだれみち』に収められているが、ここでは『アルプ』に出たほうを半分ほどカットして載せる。

あなたの額《ひたい》のうえに
わたくしは立った。
スキーをはいて。
……………………
ここからはあなたの
仰向きの裸が見える。
二つの丘は胸のふくらみ。
はるか下に小さな森。

白く巨大な
胴。
もも。
あなたのくるぶしはどこだ?

あなたの足が
天へ蹴る
情念の山脈。
……………
……………
あの乳房の谷へ！
スキーは、あなたののどを
さっと切って滑りはじめる。

＊

尾崎喜八も串田孫一も『歴程』の同人だといえば、意外と思う人もいるかもしれない。『歴程』といえば、新宿の酒亭「学校」の校長である草野心平を親分格にして、無頼のたましいを持つ型破りの詩人の集団だと想像されやすいが、戦後に大世帯になった『歴程』の実体は、そんなものではない。友情に熱く器量の大きい草野さんの人間性が、詩風も傾向も異なる多くの詩人を傘下に集めたのである。尾崎さんはもともと『歴程』の前身である『銅鑼《どら》』の時代から草野さんと親交があり、串田さんも交友関係がひろかったから、草野さんとのつながりで『歴程』への参加を誘われたであろうことは容易に考えられる。

さて尾崎さんの詩だが、ここでは改まった解説などおよそ不要であろう。晦渋さを詩人の特権と心得ているような現代の詩の世界で、尾崎喜八の詩はまことにまっとうで、正直で、あいまいなところはすこしもなく、詩に不馴れな者でも抵抗なくその清澄な詩境に入ってゆける。かれの詩が多くの人に親しまれ、愛されているゆえんであろう。

もしもこの国の〝山の詩人〟で代表的なひとりを選ぶとしたら、尾崎喜八を挙げることに、おそらくだれも異存はあるまい。その山の詩のひとつとして、はやくも『アルプ』第二号に発表された「峠」という作品をここに写す。

下のほうで霧を吐いている暗い原始林に
かすかな鷽《うそ》や目細《めぼそ》の声、
しかしいよいよ心臓の試みられる登りにかかれば、
長いささるおがせをなびかせて

しろじろと立ち枯れしている樹々の骸骨を
高峻の夏の朝日が薄赤く染めていた。

澎湃《ほうはい》とうちかえす緑の波をぬきんでて
みぎは根石・天狗の断崖のつらなり、
ひだりは見上げるような硫黄岳の
凄惨の美をつくした爆烈火口。
登る心は孤独に澄み、
こうこうとみなぎる寂寞《じゃくまく》が
むしろこの世ならぬ妙音を振り鳴らす
透明な、巨大な玉だった。

頂上ちかい岩のはざまの銀の滴り、
千島桔梗のサファイアの莟《つぼみ》、
高山の嬉々たる族よ……

風は諏訪と佐久《さく》との西東《にしひがし》から
遠い人生の哀歓を吹き上げて
まっさおな峠の空で合掌していた。

この峠が夏沢峠であることは、すこしでも八ヶ岳を知っている登山者なら、すぐにわかることだろう。一九六九（昭和四十四）年に青娥書房から出た『自註富士見高原詩集』によれば、これは戦前に尾崎さんが義弟とともに本沢温泉から夏沢峠に登った八ヶ岳登山のときの一場景であることがわかる。八ヶ岳はそれ以前に尾崎喜八が初めての高山体験をした山だけに印象は強烈で、この詩でも回想が歳月の経過にも薄れることはなく、ごく最近の体験のように鮮明な描写で仕上がっている。

峠の性質は、だが夏沢峠とはかぎらない。峠は二つの土地を隔てると同時に、人間にとってそれをつなぐ役目ももっている。この二つの要素が「風」に託されて、それが峠の空で一つに合しているところに、象徴的な人生の想いがこめられている。

『アルプ』が創刊されたとき、尾崎さんはすでに登山を実行する体力を失っていたから、『アルプ』に発表された詩作品は多かったにもかかわらず山をうたったものは少ない。そのなかから、第六九号「峠」の特集所載の「峠の試作」でうたわれた二つの詩をここに紹介しておきたい。「押韻十四行詩」と註されているように、この二篇のソネットにはこの詩人の技巧の冴えがよくあらわれていると思う。

馬籠峠

草もみじ、木々のもみじの
ほそみちに苔むす巌《いわお》、
たまたまの水はつめたく、
張りめぐる霧の蜘蛛の巣。

人たえて通わぬゆえか、
蓼、野菊分けもて行けば
靴濡れてズボンもしとど、
山鳥《やまどり》の羽音のとどろ。

木曾行きて六日の旅に
いやはての今日の峠路、
晩秋《おそあき》のあおぞら割れて

やがて立つ馬籠《まごめ》の峠。
木曾恋し、美濃は明るし、
藤村《とうそん》の里に乳牛《ちちうし》。

和田峠

上《かみ》の諏訪、下の諏訪かけ
桃、桜、花さく春を、
山高くここ和田峠、
さるおがせ錆びし青色《あおいろ》。

岩の間《ま》の節分草に
いじらしさ添うる春の陽《ひ》、
そが上の芽立ちの枝に
歌清し一羽のあおじ。

わが性《さが》の石をめずれば、
黒耀のかけらいくつか
拾いてぞ手にして立つを

認めけん、兄と妹の
山越ゆる幼な同胞《はらから》、
かれらまた石をからから。

上野毛のお宅に伺ったおり、尾崎さんは原稿用紙に書かれたこの二篇の近作をわたしに読んでくださった。「試作」とはいいながら、「しとど」と「とどろ」や、「同胞《はらから》」と「からから」、また「恋し」、「明るし」、「乳牛《ちちうし》」の「し」の繰返しなど、押韻の効果をみずからたのしむような、尾崎さん独特のあの江戸前の巻舌がかった音楽的な朗読を、わたしもにこやかな思いで聴いた。

そういう時のご機嫌な詩人の顔が、いまでもわたしには懐かしく思い出される。

＊

『アルプ』は、『歴程』とは限らずほとんど毎号、詩が掲載されている。詩人の尾崎喜八が顧問格だったせいでもあろうが、かりに尾崎さんがいなかったとしても、おそらくそうであったにちがいない。『アルプ』が文芸誌である以上「詩」に敬意をはらうのは当然であり、事実すでに挙げたような優れた詩が『アルプ』の芸術性をゆたかに高めていた。

ここではいちいち作品を挙げないが、『歴程』以外では、詩壇の長老格の田中冬二氏がかつてのような旅情の詩を寄せ、若手では田中清光、石川翠《みどり》氏がそれぞれ清新な作を発表した。田中清光氏には『アルプ』に発表した詩をまとめた『山脈韻律』（麦書房）

のほかにもいくつかの詩集があり、尾崎喜八を師とする石川翠さんには『野の雫』（私家版）その他の詩集がある。そのほかにも、詩集『声の森・氷の肋』（昭森社）をもつ相沢啓三、『蝶の道』（木犀社）の薩摩忠、また知念栄喜、関根隆、阿久津哲明、岸田衿子、管野拓也氏などの詩人の名前も書き加えておきたい。

第六章

編集会議と『アルプ』から生まれた本

創刊号から第七四号まで満六年、一人で編集の実務を担当してきた三宅修君が、一九六四（昭和三十九）年三月に、フリーの写真家として独立するため創文社を退社した。そのため以後は複数の編集委員制をとることがきまり、串田孫一、三宅修、岡部牧夫、山口耀久の四人がそれに参加することになった。そのほか尾崎喜八、大谷一良も編集委員に加わったこともあるが、尾崎さんは北鎌倉に引っ越したため六六（昭和四十一）年の第一〇〇号から翌六七年一月の一〇七号までその任にあったにすぎず、大谷君は会社の海外勤務で六五年の十月に日本を離れたため編集委員制発足の六四年四月から十九カ月の短期の就任におわっている。結局、まえに書いた串田、三宅、岡部、山口の四人が常任の編集委員として『アルプ』の終刊まで係わることになる。

さて、編集委員といっても四人とも月給をもらうわけでなく、足代ていどの日当が出て、月に一度、創文社に集まって編集会議をおこない、各号交代で（串田さんだけは特別に創刊以来ずっと原則として毎号）編集後記にあたる「編集室から」の短文を書くだけのことだから、あまり大した仕事ではない。三宅君が退社してからは、いちじ野崎陽子、つづいて椛沢あや子さんの若い女性社員が編集係をつとめたことがあるが、ほどなく創文社編集長の大洞正典氏が『アルプ』に専念することになった。大洞編集長は早稲田大学文学部の英文科出身で、お堅い学術書の編集よりも、文学性の高い『アルプ』のほうが性に適《あ》っていたにちがいない。編集会議は、この大洞さんをいれて、編集委員の四人、合わせて五人が社の応接室をかねた狭い会議室にあつまって開かれた。

雑誌の編集会議というのが、ほかの出版社ではどのように行なわれるのかわたしは知らないが、『アルプ』についていえば、会議といった堅苦しいものではなく、懇談会といった雰囲気で終始するのが毎度のことだった。熱っぽい議論をたたかわせたこともなく、雑誌の売上げについて話合いをしたこともいちどもなかった。編集委員であるからには、次号の内容についていちおうの準備ぐらいはしてでかけるべきであるのに、たぶん串田さんだけは例外として、わたしをはじめほかの委員もその心掛けは足りなかったといえるようだ。次号の執筆者について、ふだん考えているか、その場で思いついた名前をあげ、山のことやら何やら雑談めいたおしゃべりをして、二、三時間で〝会議〟を終えるのが常例になっていた。

このくつろいだ会議の雰囲気は、わたしを除けばおとなしい委員たちの性格によったからだろうが、中心にいた串田さんの人柄によるところが、やはり大きかったと考えられる。串田さんは、柔軟で穏和な性格の奥に強情っ張りともいえる強い芯をもった人なのだが、ふだんはそれを表にあらわさず、ほとんど常におだやかな表情をくずさなかったから、みなが安んじて串田さんにあまえ串田さんを頼りにしていたふしがなかったとはいえない。同席の大洞編集長は山については無知にひとしかったから、ノートを手に進行係の役目をつとめながら、意見らしい意見を述べることはほとんどなかった。

各号の執筆者は、特別号以外は、だいたい十二、三人から十五人ぐらい。テーマは、その号の季節感だけは考慮してもらう（夏の号に冬山のはなしは不適当）ことにして執筆者まかせ、執筆の原稿枚数もいちおう十五枚前後と依頼状には書かれたものの、ほとんど無制限だった。したがって編集会議は、しっかりした執筆者の人選をするだけのものだったが、結果としては、それがよかったのではないかと考えられる。執筆の依頼をうけた側では書きたいことを自由に書けたから、そのぶんだけ良好な作品を産むのに都合がよかったのではないか。

『アルプ』には毎号三ページ分の写真が入っているが、その選択は三宅君にまかされていた。創刊のときから串田さんとともに『アルプ』にたずさわってきた三宅君にとっては、文章だけでなく口絵も写真も等価の〝作品〟としてふくまれた綜合芸術誌としての『アルプ』のイメージがあったかと思われる。編集会議でも写真のことは三宅君に一任し、これは終刊まで変わることはなかった。

月に一度の創文社での編集会議は、ときに気分をかえて、ほかの場所でおこなわれることもあった。いまではもう時の前後があいまいだが、大洞さんが船橋の団地に引っ越したときは、その新居で会議がおこなわれた。目蒲線不動前駅の近くの岡部君の家でやったこともある。わたしが目黒駅の近くから調布の集合住宅に越したときも、ここで会議が開かれた。三宅君が笹塚から相模湖のほとりの藤野町に移ったときも一同で出かけたが、これはどうも編集会議のためでなく、新婚ほやほやの新居拝見ということであったらしい。この時のことでは、河原でみなでバーベキューをやって馬肉だかなんだか変なものをたべて、大洞さんが腹をこわしてしまった一件もあったような気がするが、これはどうも記憶があやしい。

異色だったのは、久保井社長のご推薦で多摩丘陵の野猿峠の、たしか「ひな鳥山」といった料亭で編集会議をやったこと。ただしこれも憶えているのは、広い部屋のなかに青ペンキで彩色したブリキ製の細ながい水路が設けられていて、そこを小舟が料理をのせて運んでくるといった子供のよろこびそうな仕掛けだったが、五人それを無邪気によろこんでその料理をいろいろたべたことくらいで、肝心の会議をやったかどうか、これも記憶はすっぽりぬけている。

『アルプ』の編集会議がいかなるものであったかは、以上に述べたごとくだが、誤解をふせぐために補筆すれば、愉しい会合だったからといって、のんきに手を抜いて、いい加減な話合いばかりやったわけではない。原稿の内容は執筆者まかせだっただけに、信頼できる書き手を選ぶのに慎重だったことはいうまでもない。それに『アルプ』は同人誌ではないので、薄手の雑誌ながら書き手の幅をなるべく広くとって、誌面にヴァラエティを盛るのに苦心したことも事実である。こうした執筆者の選定で編集委員の意見が割れることはほとんどなかった。

繰り返すが、散文であれ詩であれ、山の自然にたいする人の心の真実にふれた上質の作品を載せる雑誌であること。そういう作品が一篇でも、できれば二篇でも得られれば、それだけでその号は充分に成功だったと、わたしはいまでも考えている。

＊

ここで時間が戻るが、三宅君が一人で編集を担当していた時期、『アルプ』は第四五号で特集を編んだ。特集のテーマは「牧場《まきば》」で、山羊《やぎ》の群れが遊ぶアルプスの高地草原を意味する誌名にふさわしい特集だった。通常の号は六八ページなのに、この特集号は一一六ページで、通常号の一・五倍を超える厚さになった。尾崎さんの端麗な「牧場の変奏曲」が巻頭を飾り、串田さんの「牧場の光」が巻尾に思索の花を添えて、『アルプ』らしい香り高い特集号がうまれた。

この特集号のアイディアは、かつての梓書房から発行されていた随筆誌『山』がおこなった「高原」の特集がヒントになったと考えられる。この「高原」特集号はたぶん深田久弥氏の協力が大きかったのだろう、文人の小林秀雄、三好達治、中島健蔵、柳田國男、斎藤茂吉などが稿を寄せて、ほかの山の雑誌ではまねのできない多彩でぜいたくな誌面を創りあげていた。おなじ文学志向の『アルプ』がそれに倣《なら》ったであろうことは想像にかたくない。

この「牧場」が好評だったことに気をよくして、その後も第五〇号の「山小屋」、五四号の「岩」、六九号の「峠」と、年に一度か二度のわりで、さまざまなテーマで特集が編まれることになる。参考資料として「峠」のあと終刊にいたるまでにどんな特集号が編まれたかを、煩をいとわず次に列挙しておこう。

「夜」（七九号）、「山の博物誌」（八五号）、「谷」（九一号）、「森」（九八号）、「道」（一〇五号）、

「高原」（二一一号）、「山で会った人」（二一六号）、「朝」（二二〇号）、「山村」（二二九号）、「小さな山」（二三六号）、「道具」（二四一号）、「湖」（二四七号）、「憧れ」（二五〇号）、「山の仲間」（一五七号）、「山小屋」（一六五号）、「雨」（一七二号）、「頂」（一七七号）、「風」（一八四号）、「山の本」（一八九号）、「尾崎喜八・追悼」（一九六号）、「忘れ得ぬ山」（二〇〇号）、「木」（二〇八号）、「季節」（二一三号）、「辻まこと・追悼」（二一八号）、「渓谷」（二二五号）、「雲」（二三二号）、「雪」（二三八号）、「山のＡＢＣ」（二五〇号）、「花」（二五七号）、「山のＡＢＣ・地名篇」（二六七号）、「メルヘン」（二八四号）。

こうして書きつらねてみると、特集するテーマは終刊までにすべて出そろって、あとはもうタネがないようにも思われてくる。いまとなれば、よくもまあいろいろとやったもんだ、という満足に似た思いさえするのである。どの特集号も通常の号よりもページが厚く、いくつもの佳品でにぎわって、読みごたえのする誌面を作りだすことができた。

ふだんはおよそ頭を悩ますことのなかった編集会議も、特集号についてのときだけは、めいめいが知恵をしぼって少なからぬ苦労をした。

＊

『アルプ』に関係する山の本としては、まず『山のＡＢＣ』を挙げなければならない。

この本を作ることがきまったのは、『アルプ』創刊の翌年の一九五九（昭和三十四）年、創文社でなにかの相談で会合があったときのことである。このころはまだ編集委員制をとっておらず、三宅君がひとりで編集係をつとめていたのだから、わたしがなんで創文社に行ったのか記憶がはっきりしない（あるいは「アルプ選書」というシリーズ本の相談のことで呼ばれたのかもしれない）。出席者の顔ぶれもはっきり思い出せないが、串田、三宅、大洞氏のほかに、写真家の内田耕作氏が同席していたことは確かで、内田さんが前まえから考えていたという、この本のことを口にしたのである。

その案というのは、ＡからＺまでのアルファベットごとに山にかかわる項目（ことば）を選んで、それと写真を組み合わせたら愉しい本ができるのではないか、というのである。それはおもしろそうだと、その場の者がただちに乗り気の反応を示し、どうせやるなら写真だけでなく絵も入れたほうがいいと、ばかに調子よくとんとんと話が進み膨らんでいった。

さいわい役者に不足はなかった。写真は発案者の内田耕作さんの作品を使い、絵は畦地さん、串田さん、大谷君の三人が分担する。文は尾崎さん、三宅君、大谷君、山口のほかに深田久弥さんにも参加してもらうことにした。

アルファベットによる各項目のことば選びと、それにつける絵と文をだれに割り当てるかについて、創文社でなんどか会合がもたれた。大田区千鳥町の社長の家でやったこともある。会合者は串田、大洞、三宅、大谷、山口の五人。いつもおしゃべりをしながら頭をひねるのが愉しかった。

本は予想以上に見事な形でできあがった。縦二六・五センチ、横二一・五センチの大型で、布装、ジャケット付き、ケース入りの贅沢《ぜいたく》本である。

内容の項目についてわずかに紹介すると、「A」はアルプ（alp）、赤石岳、「B」はベルグシュルント（Bergschrund）、ボッカ、ビヴァーク（bivouac）、「C」はケルン（cairn）、クレヴァス（crevasse）、地図……といった具合で、その調子で「Z」までつづいている。絵と文と写真による三重奏のアンサンブルは申し分なく成功したといっていいだろう。

この見事な本造りは、まったく大洞さんの手柄だといってよい。絵、文、写真と、へたをすればごたごたと泥臭くなってしまう組合せのレイアウトを、この人は、三宅君が言うようにまさに「名料理人の包丁さばき」を思わせる卓越した技量で、すっきりと仕上げたのである。おそらく大洞さんがいなかったらこういう美しい本がうまれることは

代官町時代の創文社で行なわれた編集会議。右から大洞、山口、三宅、串田、岡部

編集会議

創刊号から編集を担当していた三宅修

1958年ころの『アルプ』の編集室で、右から大洞、串田、久保井

1960年代、一番町にあった創文社の社屋

『アルプ』の生みの親である久保井理津男社長(右)と大洞正典編集長

なかっただろうし、大洞さんにとってもこの『山のABC』は会心の作品であったにちがいない。

こういう仕事が初めてのわたしにとっては、割り当てられた項目のテーマを、限られた字数の枠《わく》の中でどう処理したらよいかという点で、いい勉強になった。こういう性質の本では、テーマに正面きって構えては愉しさがうまれてこない。適当な〝遊び〟があったほうがいいのだが、その〝適当な〟の程度が微妙である。足りなければおもしろくないし、遊びすぎるのも一人よがりでよろしくない。その点、この本ではそれと意識しないで、それぞれ楽しみながら割り当てられた項目をこなしたようだ。

この『山のABC』は五九（昭和三十四）年十二月に出たのだが、好評で版を重ね、三年後の六二年十二月に新しい項目を選んで第二集を出し、さらにその七年後の六九年十二月に第三集を出した。最初の集を作ったときは続篇を作ろうという気持ちなどだれもなかったのだが、結果としては十年がかりで三巻本を完成したことになる。第二集ではあらたに島崎敏樹、鳥見迅彦、永野英昭の三氏が参加し、第三集ではさらに上田哲農、辻まこと、伊藤和明、河田楨、岡部牧夫、中村朋弘、山下喜一郎の諸氏が加わって、いっそう内容の充実したものとなった。

いわば、この『山のABC』は『アルプ』の副産物といったものであり、これまでにこんな山の本はなかったし、おそらく今後も作られることはないと思う。発端は、創文社の会議室での、内田耕作さんの思い付きによる一言《ひとこと》であり、それが周囲の手で大きく育って三輪の麗花を開いたのが、この本である。幸福な本だったというべきであろう。

なおこの三巻の『山のABC』にかかわる串田さんの日記の一部が、「『山のABC』との歳月」という題で『創文』四三九号（二〇〇二年一・二月号）に発表されているので、そのなかの最初の巻にかかわる部分だけをここに引用する。この『創文』四三九号は一九八三年の『アルプ』終刊から一九年後のものだが、串田さんは毎日「日記」をつけるのを習慣にしていたから、これは当時の正確な内部資料として参考になるはずである。

一九五九年九月二十三日

夕刻から明治生命で、山の講演を頼まれていたので出掛けた、向うで内田耕作さんと落ちあい、神保町へ出て『山のABC』について相談をしていたので、帰宅は十一時を過ぎたが、それから夜更の三時迄、催促されていた原稿を書いた。『山のABC』

についての意見は、そのままますべてを受け入れる訳には行かないが、貴重と思われるものもあり、手帳を決めて書き留めておく。

九月二十五日

台風が近附いている。尾崎喜八詩文集の月報がどうにもうまく書けないので、大学への出講を取りやめ、午《ひる》ころから創文社へ出掛け、それから夜まで『山のＡＢＣ』についての会議。大体半分はすすめることが出来たが、帰る頃から一段と風が強くなった。四谷から大谷一良君、大洞正典さん、徳田千里さんと一緒に浅川行に乗ったところ、立川附近が二十五メートル以上の風になって、乗った電車も小金井止りになった。大洞さん達二人は西荻で下車して徳田さんの兄さんの家へ行った。芝居の舞台装置に必要な壁紙を抱えていた和美に出会ったので、武蔵小金井から風と雨の中を大谷君と三人で帰って来た。風が一段と強くなり、眠ることも出来ず、北側のバルコニーに出て、木々の揺れるのや激しい電光を眺めていた。

十月三日

外語大の英語の試験の監督を頼まれ、出かけないわけには行かない。寂しくなる。帰りに内田耕作さんの写真展を見に行き、更に文化放送へ寄って「お便りありがとう」という番組の録音をする。夜、三宅修、大谷一良両君が来て、『山のＡＢＣ』の相談をしているうちに夜十二時になる。それから気になっていた原稿を書く。

十月十五日

毎日快晴が続く。一昨日は北アルプス、日光に初雪が降って、気温はどんどん下がる。『山のＡＢＣ』のことで、一昨日は山口耀久君が来て、泊まりこみで、原稿を書き、わたしも定められた項目の原稿の目鼻がついて来た。絵の方も、こういう本に入れるものとして疑問も残っているけれども、何とか出来て行く。兎も角創らなければならない。昨夜は大谷一良、三宅修両君が来る。みんな創らなければならないと思っている。

＊

『アルプ』関係の本としては、このほかに「アルプ選書」というシリーズがあった。

『山のABC』とおなじ五九年の刊行開始である。『アルプ』創刊の翌年で、この年は創文社が山関係の文芸書をやたらと元気につづけて出した感じがある。「尾崎喜八詩文集」第一回配本の『夕映えに立ちて』(第七巻)が出たのは前年の十二月だが、続く配本がこの年に次つぎと出ている。『アルプ』の発刊で、学術書の出版社がにわかに〝山づいた〟感じなのだ。

「アルプ選書」のシリーズは、『アルプ』の性格にふさわしく、カール・ハインリヒ・ヴァッガール著(尾崎喜八訳)『牧場《まきば》の本』、串田孫一『菫《すみれ》色の時間』、ワルデマル・ボンゼルス著(吉村博次訳)『大空の種族』、畦地梅太郎『山の足音』、渡辺兵力・高木正孝『垂直と水平の道』、山口耀久『北八ッ彷徨』の六冊である。

このうち、あまり知られていない二冊の訳本について書くと、尾崎さんの訳したヴァッガールの『牧場の本』は、散文詩のような文と、色刷り十六ページの切抜き絵の入った美しい本である。『蜜蜂マーヤの冒険』で知られるボンゼルスの『大空の種族』は「花と動物と神の童話」の副題があり、Märchen はたしかに「童話」だが、これは児童向けの本ではなく、高尚なおとなのための物語である。この本についで当時わたしはこんな書評(紹介)を書いている。

《「あとがき」にあるように、この物語は太陽崇拝を主題とする自然の生命の愛の讃歌である。地上の生命には当然死が訪れるが、太陽に育まれた黄金の共同体のなかでは、生死の闘争すら永遠の調和という最高の目的に近づいていくための小さな劇にすぎない。作者は森の生き物たちの挿話を通して、そこに汎神論的な愛の一コスモスをえがきだしているが、この物語の終りの部分はとくに美しい。森の秋が深まって草や木に死が訪れてくるとき、かれらは言う。「わたしたちは自然の欲したことを行なった。いまは自然がわたしたちの身柄を引き取ってくれる。自然にいだかれて、わたしたちはふたたび故里《ふるさと》へ帰っていくのだ」と。読み終わってわたしは感動した。近頃の読書ではめったに味わったことのない、すがすがしい感動であった。》（『山と高原』一九六〇年九月号）

わたしの『北八ッ彷徨』は、もう半世紀ちかくもまえの本である。いま読み返してみると、これは自分の若き日の〝牧歌〟であることがわかる。ことに書中の、高原療養所での闘病生活のことを綴った「富士見高原の思い出」がそうである。この本はさいわい読者にめぐまれていくどか版を重ねたが、「アルプ選書」の一冊として出されたこのわたしの初めての作品集が、いまとなれば、自分の人生の方向を決めてしまったようにも思えるのである。

＊

ここでふたたび『アルプ』本体のことに話をもどす。

編集の実務をとる専任者が大洞正典氏であることは、すでに書いた。大学の文学科出である大洞編集長が、お堅い学術書出版の創文社で法律や経済、哲学など色気のない本の編集にたずさわるよりも、文学色ゆたかな『アルプ』の編集を担当したほうが性に適《あ》っていただろうことも、まえに述べた。実際『アルプ』にたいする大洞さんの愛着は並みならぬものがあった。おそらく『アルプ』をいちばん愛していたのは、編集委員のだれよりも大洞さんだったにちがいない。性格は温厚で誠実だったから、創文社系の学者たちにも、『アルプ』関係の執筆者のだれからも信頼された。

わたしもまた大洞さんにたいする敬愛の念は変わらなかったが、〝本造り名人〟はともかく雑誌の編集者としては、わたしにとって都合のわるいところがあった。前任の三宅君はわたしの原稿の遅れについて大いに困惑しながらも、ぐっとこらえてわたしを責めることはなかったが、大洞さんは締切り日が一日でも過ぎると苛立って、印刷がどう

のこうのとぐじゃぐじゃ愚痴まじりの文句を言うので、わたしとしては申し訳ないとい
う気持ちなんかどこかへ消し飛んでしまい、勝手ながらはなはだおもしろくない気分に
支配されてしまう。

〝京王線組〟は原稿遅れの常習者――という定義（？）をつくったのも大洞さんである。
中央線には小金井の串田孫一氏をはじめ、八王子の大谷一良氏、西荻窪の近藤信行氏
など手のかからないまじめな書き手がそろっているが、〝京王線組〟は新宿のほうから、
笹塚の三宅修、東松原の深田久弥、千歳烏山の畦地梅太郎、調布の山口耀久、高幡不動
の辻まこと、と締切り日を守らない世話のやける顔ぶればかりだというのだ。

おなじ京王線でも井の頭線の深田久弥氏の原稿遅延は横綱級で、三宅君も《深田さん
は必ずひと月は遅れました。》（『山岳』第九二号）と語っているから、この〝組〟の代表
をつとめる資格が充分にあるが、三宅修君と辻まことさんが大洞さんのブラック・リス
トに載る事情は、わたしにはよくわからない。ただ調布の山口耀久が、深田さんを別格
として〝京王線組〟でもっとも悪質であることは、本人がよく自覚している。

こんなことがあった。尾崎喜八さんが亡くなられて、その追悼号を特集することにな
ったときのことだ。その時、わたしは自律神経失調症（いわゆるノイローゼ）をわずら

っていて、頭のはたらきが正常でなく、とても整粛《せいしゅく》な文章は綴れそうになかった。ほかの人についてならともかく、わたしにとっては師ともいえる尾崎さんの追悼文のことである。いい加減な文章は書けない。書かなくてはと思いつつも、筆が変な方向へすべりそうな不安で、ペンが執れなかった。

大洞さんから仕事場に電話がかかってきて、わたしがどうしても書く義務があるという意味のことを言って、書かないわたしを責めた。書けない。だめだ書かなくてはいけない。そんな応酬をくり返すうちに、双方の声の調子がどんどん高くなり、いきなりむこうがガチャンと電話を切った。ちきしょう、やりやがったな、と思って五、六分たったら、また電話が鳴って、出ると、押し殺したような低い声が「先程は失礼しました」と言った。こっちは頭にきているから、返事もせずにガチャン。

おそらく、大洞さんとこんなケンカをやったのは『アルプ』関係ではわたしひとりであろう。右は極端な例だが、悪いのは、いつも手を焼かせるわたしのほうにきまっている。しかし一見おだやかで当りのやわらかい大洞さんの内部にあんがい短気のカンシャク玉がひそんでいるのをわたしが知っているのは、わたしもまたそれに劣らぬ瞬発的なカンシャク玉を抱えていて、それが相手のそれとぶつかりあって破裂する経験を二度、三度としているからである。その原因がいつも原稿のことであるのは、おたがいに不幸なことであった。

ちなみに、大洞さんの生まれは一九一五（大正四）年、串田さんと同齢で、二六（大正十五）年生まれのわたしよりも十一歳の年上である。そんな年長者に非礼をはたらいた意味でも、山口耀久は大いに咎《とが》められなくてはならない。

第七章

「アルプの夕べ」とその他の催し

『アルプ』創刊七年目の一九六四（昭和三十九）年の十一月に読者への感謝と親睦《しんぼく》の意味を兼ねて「アルプの夕べ」というのを開催することになった。その会のもようを『アルプ』八三号にわたしが書き、のちに、書き足らなかったことをいくらか補筆してそれを『烟霞淡泊』（創文社）という拙著のなかに入れたのだが、いまここでその「夕べ」のことを書こうとしても、その時に書いた報告文以上のことは書けそうにない。いちど本に収めたものをここでまた使うのは手抜きをするようで気がとがめるのだが、ここでは『アルプ』に載った報告文をそのまま転載することを、とくにお許しねがうことにする。

《「アルプの夕べ」をやることになって、創文社の編集室や串田さんのお宅で何回かの打合せ会がおこなわれた。山の好きな人間たちの「夕べ」だといっても、よくある山岳映画会みたいのでは面白くない。お願いすれば協力してもらえる執筆者の人はたくさんいるから、それを頼みにして、とにかく『アルプ』らしい愉しい会にしよう。そういうわけでみんなで頭をひねっていろいろ案が出た。

串田さんに台本を書いてもらって、執筆者の主だった人に出演をねがい、オムニバス形式の劇みたいのをやったらどうだろうという案もあった。串田さんはなかば承知したような形だったが、あとでそれは大変だろうということで、取りやめになった。

わたしとしては、鳥見迅彦氏がランプのそばで暗いイメージの自作の詩を朗読する場面があったり、畦地梅太郎氏が樵夫《きこり》か炭焼きになって出てきたり、もしかすれば、だれかが遭難者になって運ばれてきたり、そんなことを勝手に想像して愉しんでいただけに、これはちょっと残念だったような気がする。

来場者に福引で賞品を出そうということになって、執筆者の方たちにお願いしたところ、尾崎喜八、深田久弥、辻まこと、畦地梅太郎、内田耕作、曾宮一念などの各氏から、いずれも立派な色紙や絵や写真の提供があった。ポスターは大谷一良さんの原画による芸術的なやつをつくった。ぜいたくで凝ったプログラムをつくったのも大谷さんである。

当日の役割りは、三宅さんが司会、大谷さんは楽屋で出演者の接待係、岡部牧夫君は舞台の照明と録音係、わたしは入口係と記録係ということになった。記録係というのは、この会の報告を『アルプ』に載せるからその原稿を四ページ分書くようにと、串田さんがわたしに押しつけたもので、役目がらこうしてこの原稿を書くわけである。

さて、「アルプの夕べ」の当日である。会場の千代田公会堂は、五時に入口をあけて、開演の定刻五時半には、座席はほとんど埋まってしまった。

司会者・三宅さんの名調子の挨拶があって、串田さんの講演がはじまる。『アルプ』誕生のいきさつを、串田さん独特のやわらかいスイートな口調で話された。が、じつはわたしは創文社の人たちや手伝いを頼んだ友人たちと受け持っている入口のほうがまだ多忙で、二つの役目上、一階の入口と二階の会場のあいだを何度も駆け足で往復しなければならず、串田さんの講演をぜんぶ聴いたわけではない。

つぎに雑誌『アルプ』の名付け親である尾崎喜八さんの講演と詩の朗読がある。講演は、『アルプ』という雑誌の性格のことからはじまって、ご自分の山登りのことにおよび、登山の意義といったようなことにも触れられたが、じゅんじゅんとして誠実な話しぶりはやはりいつもの尾崎さんの調子である。自作の詩の朗読は「杖突峠」、「山頂」、「久方の山」の三篇を読まれた。

講演の三番目は深田久弥さんである。深田さんの話はいつ聴いても、とつとつとした親しげなひびきがあって、おうような人柄のよさがにじみでている。「山の雑誌では『アルプ』に書くときがいちばん苦しい。これほど労多くして原稿料の安い雑誌はない」と話されると、場内の各所から笑声がおきる。(同感です。もうしわけありませんね。) 諧謔をまじえた話しぶりのなかで、ただ手足を動かす運動にすぎないような最近の記録的登山――スポーツ的登山に対する批判をはっきり述べられた。

これで第一部が終わって、十分間の休憩。

第二部がはじまり、辻まことさんがギターを片手に拍手のうちに登場すると、会場の雰囲気が急にくつろいだものになる。ギター演奏に先だって、なにやらお話を一席。『アルプ』は原稿料が安いので、本当はいっしょうけんめい書きたくないのだけれど、なんとなくいっしょうけんめい書きたくなる」と、ここでもまた原稿料のことが問題になった。このあたりで、舞台の右手から串田さんがウィスキーの瓶とグラスを持って登場。それを辻さんの足許において引きさがると、辻さん、いかにもうれしそうにそれを二杯のみ、それからおもむろにギターがはじまった。曲目はマラッツの「セレナータ・エスパニョール」、つづいてグラナドスの「スペイン舞曲」の第五番、つぎはトレモロのうつくしいタルレガの「アルハンブラの想い出」と、みごとな演奏ぶりで聴衆をうっとりさせ、そこでウィスキーをまた一杯のみ、こんどはシャンソンの「セ・シ・ボン」をギターに合わせて歌われることになる。最後の〝C'est parce que c'est si bon.〟のルフランを、タメイキのごとく歌い終わって、辻さんは退場。

尾崎さんの、アイルランドとスコットランドの民謡の独唱の番になった。ピアノ伴奏は、お孫さんの美砂子ちゃんである。尾崎さんに似ず堂々とした長身の美砂子ちゃんは、もう一人前のピアニストで、とても高校一年生とは見えない。舞台にあがると詩人よりも落ち着いた貫禄がある。

尾崎さんは「きょうはちょっと風邪をひいていて」と言訳して、「ロビン・アデール」と「西風」(The Wind from the West) というのをきれいに歌われた。つぎは「ロッホ・ローモンド」。これは出だしの〝By yon bonnie banks and ……〟のところが伴奏と合わず、尾崎さんはちょっとあわてて、美砂子ちゃんのピアノのほうを振りむいて、やり直されたが、また合わず、ではもういちどやり直しますという様子で、ピョッコリ頭を下げられた。それが、いかにも愛嬌があって、客席からまた大きな拍手が湧く。三度目。こんどは、うまくいった。独唱が終わってから、読者を代表した女性から尾崎さんに花束が贈られた。

つづいて、コンソール・ゼフィールの、ブロックフレーテによるスイスの山の舞曲の合奏である。配役は、ソプラノが杉本賢治、矢川光子、アルトが岡本寛志、串田光弘、テノールが串田孫一、バスが岡部牧夫の諸氏。団長の岡本さんが曲についての解説をおこない、それからピーポー、ピーポーはじまった。ヨーデルと、レントラーと、

1964年11月18日、「アルプの夕べ」でギターの弾き語りをする辻まこと

「アルプの夕べ」

スコットランド民謡を独唱する尾崎喜八

『アルプ』誕生のいきさつを語る串田孫一

「アルプ展」と「アルプ教室」

1971年7月1日、第4回アルプ展の打ち上げで。前列左から辻まこと、尾崎栄子、鳥見迅彦、串田孫一、草野心平、中尾義隆、大洞正典、畦地梅太郎。後列左から岩満重孝、朝比奈菊雄、灘波幸子、久保井理津男、中村朋弘、徳田千里、山口耀久、内田耕作、大谷一良、近藤信行、永野英昭

連日大勢の来館者があった「アルプ展」の会場で

読者になじみの講師を招いて開かれた「アルプ教室」

第4回「アルプ展」のポスター

ポルカと、ショティッシュの順で、それぞれ一曲ずつやる。四番目のは、わたしにはなんだかオッペケペッポペッポッポとひどく調子よくきこえるところがあって、やってるほうもひどく愉しそうであった。

つぎは畦地梅太郎さんの版画をスライドで見せ、同時に畦地さんが山の版画についてお話をすることになっているのだが、舞台整備のあいまつなぎに、大谷さんとわたしと岡部君が、司会者の三宅さんにかわるがわる舞台に呼び出され、三分間ずつ話をさせられる。こんなのはぜんぜん予定になかったことで、まったくひどいものだ。

畦地さんは足が痛いのだそうで、背広にぞうり姿で登場された。例の「山男」の版画のヴァリエーションが、一枚一枚大きく写し出されて、畦地さんが制作上の苦心や自分の仕事についての所信をいろいろ述べられる。「わしのへんてこな版画でカネをもうけることは、なかなかでけんのであります」畦地さんの話しぶりは大体こんな調子で、とにかく、飾らない人柄のなかにそのまま生きている自然が畦地さんの魅力である。畦地さんの話しぶりを知らない人は、畦地さんの文章のあのローカル・カラーをそのまま思い浮かべればよい。

このあたりからそろそろ予定の時間がつまりだして、最後の内田耕作さんのスライド映写とその説明の時間が、だいぶ窮屈なものになってしまった。内田さんが燕岳の花崗岩の群れに凝《こ》っていて、その写真をもう何千枚も撮っていることはよく知られている。岩の群れのなかには、光線や視角の関係でなにかの形に似て見えるのがある。内田さんはそれにいちいち名前をつけていて、ゾウ岩だとか、カバ岩だとか、コゾウ岩などという面白い岩がいろいろ出てくる。タビ岩というのもある。オシリ岩というのも出てきた。

この番組は、はじめ島崎敏樹さんに出ていただいて、島崎さんが精神病理学の立場から内田さんの精神鑑定をするということになっていたのだが、島崎さんが都合わるく出られなくなってしまったのは残念であった。オシリ岩など、内田さんのどういうコムプレックスによるものか、島崎教授の鑑定をぜひ聴きたかったと思う。

内田さんの時間がだいぶ縮められてしまったにもかかわらず、スライドが終わったのは閉会予定の九時を過ぎていた。ここで、創文社社長の久保井理津男氏が「ほんのひとことご挨拶を申しあげます」と言って舞台に出た。

久保井社長は調子にのると大演説をやりたがる傾向がある。創文社での打合せ会議で「わたしに五分間話をさせれば『アルプ』の売上げを千部あげてみせる自信がある。

十分間話させれば二千部、十五分間なら三千部」と豪語した。そんな調子で演説をぶたれては、せっかくの雰囲気がぶちこわしになってしまうから、あんまりやらないようにと、みんなからクギをさされていたのである。

舞台にあがると、はたして大演説であった。（われわれは舞台の裏でヒヤヒヤしながら聴いていたのだが、客席に来ていたわたしの友人の感想によれば、この社長の熱弁はかなり聴衆にアピールしたそうである。あとになって、社長に女性の来場者からファン・レターが来て社長をよろこばせたことも書き添えておく。）こころみに数日後、岡部君といっしょに録音テープの時間を計ると、この演説は十一分かかった。

時間が定刻を過ぎてしまったので、福引がかなりあわただしいものになってしまい、閉会九時二十五分。予定どおり愉しい会で終わることができたのは、ご出演ねがった諸氏と、始終拍手を惜しまれなかった来場の方たちのおかげである。誌上からあらためてお礼を申しあげたい。》

以上が、この「アルプの夕べ」の実況報告である。

ここで他の引用文とのバランスを破ってまで長尺《ちようじやく》の引用をしたのは、このような雰囲気の集《つど》いはおそらくそれまでになかったろうし、これからもまず開かれることはあるまい、と思われるからである。それまでにも山の映画と講演を抱き合わせた会（有料）はいくつも催されたし、日中戦争のさなかでも軍人会館（戦後の九段会館）でおこなわれた山岳映画会（主として塚本閤治氏の映画作品の上映会だが、ほかにカンチェンジュンガ遠征のドイツ映画も観たような記憶がある）に、わたしもなんどか出かけた。しかしこの「アルプの夕べ」の雰囲気は、それらの会のものとはあきらかに違っていた。主催者側の贔屓目《ひいきめ》ではなく舞台の出演者と来場者たちのあいだに打ちとけた心の交流がうまれたのは、おなじ『アルプ』という雑誌でつながれた親近感があったからなのだと思う。まさに『アルプ』ならではの催しだったといってよいだろう。

来場者のほとんどが二、三十代の若い人たちであったことも、いま思えば隔世の感がある。近年、わたしごときも時に講演会なるものにひっぱり出されて下手《へた》な話をさせられたりするのだが、聴衆のほとんどがいわゆる〝中高年〟の人たちで、時代の推移を切実に感じさせられるのである。登山者の年齢層も質もたしかに変わったのだ。

「アルプの夕べ」では、しかしその若い熱心な来場者の応対にひどく苦労させられたことも、いまでは忘れがたい記憶として残っている。

さきに書いたように、会場の千代田公会堂は開演の三十分まえに入口をあけたのだが、新聞でこの催しを知って来たという若い女性が早くも現れ、それにつづいて同類の人たちが次つぎとやって来て、いつ入れてくれるのかと迫られるのには、よわってしまった。会社がひけてすぐにタクシーでとんで来たのだという熱心な人もいる。

じつは来場者の座席を確保するために『アルプ』に折込みを入れて予告したところ、東京や近県のみならず、大阪、秋田、長野、福島、静岡、愛知などの各府県、さらに遠く九州の読者からもはがきの申込みがあり、申込み者には福引用の番号を書き入れた返信を入場整理券としてほぼ会場の定員分だけ送ってあるので、この整理券を持たない人は、いちおう場内が落ち着くまで外で待っていてもらわなくてはならない。せっかくやって来てくれたのに、なんとも心苦しいかぎりだ。開演時刻になったので二階の会場を偵察に行くと、三宅君の開会の挨拶がはじまっていて座席は九分どおり埋まっており、そろそろいいかなと思って入口に戻ってみたが、相変わらず整理券を持った人が駆けつけてくるので、券のない人は入ってもらうわけにはゆかない。恨めしそうな顔で待っている人たちを見ると、気の毒にたえない。なんども二階に見にいって、やっとこの方たちにご入場ねがったのは、串田さんの講演のなかばごろだったろうか。とにかくこれでやっと、いやな役目から解放されたわけである。

この時のことで、なお思い出すことがある。角川書店の角川春樹青年が当時いちじ創文社に業務見習い（?）のようなかたちで勤めていて、会場口の担当にまわされて、手助けをたのんだわたしの友人たちといっしょに来場者の整理を手伝ってくれたことだ。のちに角川書店の二代目社長としてかずかずの派手な話題をふりまいたかれが、大学の応援部員のような硬い強面《こわもて》の表情で「いらっしゃい」、「いらっしゃい」と言いながら、来場者の一人ひとりにプログラムを手渡していたことが、妙に微笑ましい印象でいまも記憶に残っている。

＊

この「アルプの夕べ」の翌々年、一九六六（昭和四十一）年の六月号で『アルプ』は第一〇〇号をむかえた。それを記念して、こんどは「アルプ百号記念の集い」というのを六月に催すことになった。会場は「アルプの夕べ」で使用した千代田公会堂のそばにある九段会館で、ホールの収容力はこちらのほうが大きい。

当日のプログラムは、

講演　串田孫一、加藤泰安、尾崎喜八

音楽　東京ルネサンス・コンソート
映画「カナダの休日」（朝比奈菊雄作品）
「キンヤンキッシュ，65」

の以上で、東京ルネサンス・コンソートは荒川敬子、高野紀子、真杉清子といったうら若い諸嬢のトリオが演奏し、「キンヤンキッシュ」は一九六五年に行なわれた東大第二次カラコルム遠征の記録映画である。この「集い」の実況報告は、第一〇二号に岡部牧夫君が書いた。

広い会場は補助椅子がでるほど満員で、串田、加藤、尾崎各氏の講演は、それぞれの方の山に対する姿勢と信条がよくうかがえて興味深かったし、会のおわりを飾る福引の抽選も曾宮一念、辻まこと、真垣武勝氏の絵、尾崎さん、串田さんの色紙、創文社の山の本や図書券、さらに志賀高原山田牧場で大高早多雄・慶子夫妻がやっている仙人小屋の宿泊券などの提供もあって、当選率のきわめて高いものになった。

——ということで、当夜はなかなかの盛会だったのだが、しかしこれも——わたしの感じでいえば——前回の「アルプの夕べ」の熱い盛りあがりの雰囲気にくらべると、かなりの温度差があった気がする。尾崎さんが推薦した東京ルネサンス・コンソートの古楽器による演奏はたしかに典雅で好ましいものだったが、それよりも、素人《しろうと》の笛吹き楽団コンソール・ゼフィールのパフォーマンスのほうが客席にうけたようだし、ましてや満場を湧かせた辻まことさんのギターの演奏にくらべれば、とてもそれには及ばなかった。

二本の映画の上映もなかなか見応えのするものだったけれど、これも「アルプの夕べ」の畦地梅太郎さんの「山男」の版画、内田耕作さんの燕岳の岩の写真の映写などにくらべると、場内の反応はいまひとつ低調だった気がする。

要するに、前回の「アルプの夕べ」では、演目のすべてが『アルプ』誌上で読者になじみのある方たちのナマ出演であったのに、この「百号記念の集い」では、三人の方の講演をのぞけばどれも『アルプ』とは直接に係わりのないものだった。この「集い」が、盛りあがりの熱度において前回の「夕べ」に及ばなかったのは、このことが主な原因であったろう。

それを考えると、「アルプの夕べ」がなんと上等な会であったかと、あらためて感嘆せざるをえなくなる。そしてくどいようだが、あのような高級で――と、あえて言おう――愉しい会は、これからはもう二度と催されることはないだろうとの思いを、いっそう強くさせられるのである。

＊

『アルプ』ならではのユニークな催しとしては、このほかに「アルプ展」があった。これは〝『アルプ』創刊十周年を記念して〟ということになっているが、発案者は、国鉄新宿駅ビルのデパートに山下書店を構える社長の山下重之氏である。この人は同ビルの別の上階にも児童書専門の店舗をもち、そこに『アルプ』のバックナンバーや創文社発行の山の本を常備して、いわば小売り書店の『アルプ』の後援者といってよかった。「アルプ展」は同ビルの二階の細長い催し場を会場にして、誌上でなじみ深い方たちの絵や色紙や写真がならべられた。串田さんや辻さんの絵、畦地さんの版画、尾崎さんの詩と俳句の色紙、草野さんの色紙とパステル画、その他の諸氏の作品がにぎやかに会場を飾って、一週間の会期中、大ぜいの来観者があった。

この催しの実況については、第一二四号の「編集室から」の末尾に、無記名でつぎのような記事がある。

《「アルプ展」の前夜の緊張感は、芝居の幕開けを待つスタッフの気持のように、期待と不安の入り交じった複雑なものでした。写真・版画・水彩・油画・墨筆等およそ一三〇点におよぶ作品の飾りつけを畦地さん内田さん岩満さん等の手馴れた配置指導、串田・山口・三宅・岡部委員の応援で、完了したのは午前一時頃でした。
　明けて初日の九日、しかしわたしたちの不安は開場とともに消え去り、写真を除く作品の約1／3が午前中に売約済みになりました。その日の鑑賞者約四千名、最も多い日には七千名以上も集まり、平均一日五千名の人たちが改めてアルプの存在を知って下さったわけです。山下書店社長の後援に心から感謝しなければなりません。》
　まず予想を超えた大成功というわけで、これに気をよくして、その後この「アルプ展」はおなじ駅ビルの催し場で七回も開催されることになる。わたしは毎回ひまをみては会場にでかけたが、そこで思いがけない人と出会えるのは愉しかった。
　藤島敏男さんにお目にかかったのは、わたしが麻布六本木のマンションのお宅にうかがってから何年ぶりのことだったろうか。この山の大先輩はつとに〝へそ曲り〟で高名で、商業雑誌への執筆は断わることでも知られている（ただし『アルプ』には第一五号にアンリー・ボルドウの「ギド・レイ」1、一六号にはその2の翻訳を寄せている）が、この展覧会にわざわざ足を運ばれたのは、いかなる心境によるものか。それはともかく、わたしがお会いしたかぎりでは、そんな曲ったへそなどいちども見せたことはなく、その時もいたってご機嫌よろしく、わたしは会場の椅子席でうかがう久方ぶりの話がうれしかった。

初対面の思いがけない出会いにもめぐまれた。すでに『アルプ』に佳い作品をいただいている童話作家の神沢利子さんに初めてお目にかかったのも何回目かのときだった。

戦時中から多くの登山者に親しまれた画文集『霧の山稜』の著者・加藤泰三の遺作（山男の木彫）が特別展示された第五回「アルプ展」（一九七二年）では、お姉さんの天童稚枝《わかえ》さんと親しくなり、若くして戦死した弟の思い出をいろいろ伺うことができた。

早稲田の松浪信三郎教授が観に来てくださったこともある。この先生の実存主義の講義をわたしは聴いたことがなかったが、角川書店から刊行されたエーデルワイス・シリーズの第一巻『山への愛と思索』というアンソロジーに、氏の「めまいの哲学」という体験的エッセーを入れさせてもらったことがあり、『アルプ』には「ノルマンディの最高峰」（一五二号）、「ピュイ・ド・ドームの夕陽」（一五四号）、「或る日のコギト・エルゴ・スム」（二六三号）などの好エッセーを寄せていただいた。会場でしばらくの時間どんな話をかわしたかは、もう忘れてしまったが、上等のスーツを隙なく着こなして、ステッキを手にした姿が、いかにもchicそのものといったフランス哲学教授の印象だったことを憶えている。

前述のごとくこの催しを企画したのは山下書店社長・山下重之氏で、同ビル催し場でのその後の「アルプ展」を運営したのも同氏である。この人の『アルプ』への支援の志はまことにありがたかったが、この展覧会の開催期間中に創文社の山関係の署名入り本がよく売れたのだから、かれは書店の経営者としてもなかなかの才覚者だったことがわかる。といって、そろばん勘定だけの人でなく、『アルプ』のようなマイナーな雑誌に肩入れする一種俠気《きょうき》のような心ばえをもっていた。こういう奇特な支援者にめぐまれたことも、『アルプ』の幸運のひとつであった。

*

『アルプ』関係の催しとしては、このほかに「アルプ教室」というのがあった。講師は読者になじみ深い寄稿家の方たちにお願いして、教室は神田神保町のこぢんまりしたビルの、収容人員七十名ほどの部屋を借りておこなわれた。第一回は一九七〇(昭和四十五)年の十一月で、おなじ教場でつごう四回、講師は各回二名だったので、計八名の方の講話を聴くことができた。

その講師と演題は、つぎのとおりである。

第一回＝尾崎喜八「山と文学」、宮下啓三「西欧の山と文学」。
第二回＝深田久弥「わたしの山の文学」、串田孫一「山と美と心」。
第三回＝鳥見迅彦「わたくしの山の詩」、辻まこと「山の画文」。
第四回＝近藤信行「小島烏水伝の試み」、畦地梅太郎「わしの『山男』」。

このうち畦地梅太郎氏の話は、版画の弟子ともいえる大谷一良君が質問者になって、畦地さんがそれに答えるという対談のかたちをとっている。この「教室」のレクチャーは、これに曾宮一念氏の「山の淡彩画入門」（『アルプ』一五二号と一五三号に載ったもの）をくわえて、『山と文学』という題名の一書にまとめられて創文社から出版された。

余談ながら、この「教室」のことで忘れがたいのは、深田さんがこの口演をなさった一週間後に茅ヶ岳で急逝されたことである。大洞編集長とわたしがこの「教室」での講話の打合せのため世田谷松原のお宅に伺ったのは、その当日の三日まえのことであった。そのときはいたってお元気で、「教室」では『万葉集』に出ている山のことについて造詣の一端をのぞかせるおもしろい話をしてくださったのだが、その一週間後に長逝されるとは、だれひとり予想しなかった。深田さんの飾り気ない人柄をそのままあらわしたこの「教室」での口演が、この方の最後のそれになってしまったのである。

第八章

明治生まれの執筆者

一九六八（昭和四十三）年、創文社は千代田区代官町二番地から、千代田区一番町十七番地の地に移った。前記したように、他の小会社と共に入居していた北の丸の旧陸軍の兵舎が、北の丸公園の整備にともなって取り壊されることになり、立退きをよぎなくされたのである。こんどのは木造の雑居の建物ではなく、小さいながら鉄筋コンクリート造りの二階建ての洋館で、これで創文社は大田区の社長の自宅で創業してから十八年めに晴れて独立した社屋を構えることができたわけである。

この建物は、さる大地主の住居だったもので、戦争中の空襲で爆撃をうけ、二階から一階に大きな穴が抜けていて火の痕《あと》も残っていたというが、修理が施されて立派に使用できる事務所になった。爆撃をくらっても建物の本体そのものはびくともしなかったのだから、これは本格的な建築だったことがわかる。

坂になった道路に面して二枚の大きな鉄の門扉があり、その中のくすんだ色のがっしりした建物は、地みちな学術書の出版社にふさわしい落ち着いた風格があった。門の内側の両わきに、毎年赤い実をよくつける柿の木が二本立っていた。年を経るにつれて蔦《つた》が建物を覆って寂びた風趣が加わり、辻まことさんはこれを「創文館」と呼んでいた。適当に古色を帯びた一時代まえの〝西洋館〟には、たしかにそんな風情があった。

ずっと後年、『アルプ』が終刊してからかなり経って、創文社は近くの麹町二丁目に新しいビルを建ててそこに移り、一番町のこの建物は取り壊されてその跡に別の会社の大きなビルが建ったのだが、わたしの記憶には、そこでなんども編集会議をおこなったあの実質そのものといった「創文館」の姿がいまでもはっきり残っている。

ところで、創文社が代官町から一番町に移ったこの年は、『アルプ』創刊の十周年にあたっていた。それを記念して、第一二〇号は「朝」の特集号として組んだ。巻頭に武田久吉《ひさよし》氏の「静けき山の朝を称える」を置き、巻尾には田部重治《たなべじゅうじ》氏の「三頭山の思い出」を据えた。ご両所とも日本の近代登山の草分けであり、登山界の最長老である。そのほかに二十七人の筆者がそれぞれの山の朝を綴り、十周年記念にふさわしい晴れやかな特集号になった。

＊

さて、これまでに画文の作者や『歴程』の詩人たちについて書きながら、誌上の作品の主軸である散文の紀行・随筆の執筆者たちにはまだふれていないので、順序があべこべになるようだが、ここでその散文作者たちについて述べなければならない。

既述した『山と溪谷』二〇〇〇年三月号の『アルプ』をめぐる串田、三宅、大谷の三人の回顧談のなかで、大谷一良は次のように語っている。

《あのころ、よかったのは、明治生まれの方が、かなりお元気だった最後のころにかかっていたことでしょう。この二十五年というのはその最後のいい時期にあたっていたということかもしれませんね。日本の登山界の多くの先輩たちの、なまの作品を載せることができて、それによって時代をつなぐことにもなった。》

たしかに、あのころは明治生まれの大先輩たちが、まだ健在であられた。その大先輩たちに直接なま身で接した後輩は、いまではもうわたしの周囲ではわずかな者たちに限られてしまったようだ。

『アルプ』の主な執筆者を生年の世代別に分類すると、だいたい次のようになるだろう。

明治生まれの世代では、武田久吉、田部重治、冠松次郎、河田楨、尾崎喜八、岡茂雄、曾宮一念、畦地梅太郎、上田哲農、草野心平、鳥見迅彦、三田幸夫、野尻抱影、深田久弥、加藤泰安、田淵行男、坂本直行、今井雄二、島田巽、宇都宮貞子、石一郎、川崎精雄、一原有徳などの諸氏。

大正生まれは、辻まこと、望月達夫、渡辺兵力、泉靖一、串田孫一、庄野英二、結城

信一、朝比奈菊雄、山本太郎、西丸震哉、北原節子、神沢利子、山口耀久など。

昭和生まれは、近藤信行、宮下啓三、伊藤和明、田中清光、本多勝一、蜂谷緑、熊谷（大野）榧、鷹野照代、手塚宗求、三宅修、青柳健、宮川俊彦、大谷一良、中村朋弘、永野英昭、小谷明、小野木三郎、岡部牧夫などである。

ここで以上に挙げた『アルプ』関係の執筆者のことを書くといっても、これらの人たちのすべてをわたしがよく識っているわけではもちろんなく、識っている人でも親交をむすんだといえるような人はわずかでしかない。したがって、ここではわたしが接して印象が深かった人の断片的なスケッチ程度のことしか書けそうにない。そして、印象の深かった人といえば、やはりいまは亡き明治生まれの方たちである。そのうちで、わたしにとってとりわけ忘れがたい方を幾人か選んで、自分の思い出をからめながら書いてみる。

＊

わたしにはその頃「先生」と呼んだ方が二人いる。一人はわたしが長野県富士見の高原療養所で闘病生活を送っていた当時、おなじ富士見の分水荘という山荘に住んでおられて、なにかとお世話になった尾崎喜八先生、もう一人は日本の高山植物研究の泰斗で、最初は恐るおそる、のちにはやや甘えた親しさでその謦咳《けいがい》に接することのできた武田久《ひさ》吉《よし》先生である。しかしここでは、ほかの方たちと同様に武田さんとお呼びすることを許していただく。

武田さんのお宅にはじめて伺ったときのことは、忘れようにも忘れられぬ強烈な思い出になっている。

月刊誌『岳人』が、読者を対象にして「『岳人』友の会」というのを発足させることになり、その創立会員としてわたしに参加してほしいと同誌から要請があった。その頃この『岳人』誌にわたしはよく論説めいた記事や登攀の記文などを書いていたのである。その「『岳人』友の会」は、毎月の例会として、山の諸先輩を講師によんで話を聴く勉強会といった性質のもので、わたしがしばしば講師の交渉役をうけもたされた。そしてある時の例会で武田さんをおよびして講話を伺おうということになり、そのお願いの役目をわたしがひきうけさせられたのである。

武田さんの家は九段坂の上、靖国神社に近い富士見町にあった。旧旗本屋敷の跡に建てられたという、やや古風な木造の邸宅である。同行した一会員とともに小ぶりな門を入って、なんだか知らない草が植わっている鉢がいくつか無雑作に置いてある庭を通り、玄関の戸をあけて、ごめんください、と奥にむかって挨拶すると、着物姿の、老人にしては矍鑠《かくしゃく》とした感じの背の高い男の人が出てきて、あがり框《がまち》のところに無言で立った。思わず圧倒されて見あげながら、「武田先生でしょうか?」と口にしたのがまずかった。「この家《うち》に武田久吉以外の人間がいると思うかね」ということばが返ってきたのだ。

こちらは、あとはもうしどろもどろで、講話をお願いしたいのですが、と申しあげると、何を話すのかと訊かれ、テーマは明治時代の山のことでも、日本山岳会の発足のことでも、高山植物のことでも、なんでも先生におまかせします、と無責任な返答をすると、知らぬ会にそんな話をしに行く義理はないと、まったく取りつく島もない感じなのだ。

だが、そんなしどろもどろをやっているうちに胆《はら》がきまり、連絡もしないで突然に伺った失礼をお詫びしてから、「きょう改めてもういちどお願いに参ってよろしいでしょうか?」とお伺いをたてると、相変わらず不機嫌な表情のまま「来てはいけないとは言えないね」とのご返事である。

そういうわけで、いったんは退去し、九段下の食堂で、同行の友人とおそい昼食をとりながら、こんどはしっかりとお願いの内容をかためて、決意もあらたに再度武田家の玄関の戸をあけたのは、如上《じょじょう》の玄関払いから二時間半あまり経ってのことだったろうか。しつこい来訪に辟易《へきえき》されたのか、武田さんはついにこちらの申し出を了諾されて、講話の当日は『岳人』の出版元である日比谷の中日新聞のビルの一室で、明治時代の日光や尾瀬のことなど、人手によごされぬ往時の山のうらやましい回顧談を聴かせてくださった。

これがわたしの武田さんとの接触の始まりである。この会のことでは、これが縁になって、ご自分で撮影した高山植物のスライドを映しながら講話をされるのが毎年の恒例になった。そのたびに車でのお迎えには、いつもわたしが参上した。

「前略、過日御来訪の節は甚だ失礼しました。扨《さて》来る廿九日、中日へ行く時、何時に車が来ることになって居ますか御一報下さらば幸いです。又紅葉のスライドは映しましょうか、やめにしましょうか、これ又御知らせ下さらば幸いです。」

という昭和四十三年九月十五日消印のわたし宛てのはがきが、武田さんの最後の著書『明治の山旅』（創文社）のなかに挿んでいまでもとってある。（はがきにはこのあと、わたしが編集した角川書店刊行の山のシリーズ本の用語解説中のミスをこまかい字で指摘してあるのだが、これは略す。）

『アルプ』の執筆をお願いするようになってから、お近付きの度合がぐんと深くなった。玄関からあがったとっつきの応接間と書斎をかねたような部屋に通されて、いろいろとお話を伺うのが愉しみだった。武田さんは、あまり人をほめなかった。ことに舞《ぶ》文《ぶん》曲《きょく》筆《ひつ》を事とする山の文筆家のことを、よく言わなかった。事実そのものの正確な観察と記述を重んじる科学者としては、舞文家流の潤色や歪曲が許しがたかったのは当然のことだったろう。

そんな人だったから、文章上のミスや疑問点は、どんな些細なことでも見過ごしにしなかった。文中の誤りをとことん追及されて恐れ入った者は、けっして少なくはなかったはずである。

次章でとりあげる、『アルプ』連載の『小島烏水　山の風流使者伝』の著者・近藤信行氏も、この本の「あとがき」で次のように書いている。

《武田氏は科学者としてのきびしい面をもっていて、文学者肌の烏水とは好対照の人であった。わたしがときおり記述に誤りをおかすと、電話できびしい追及をなされた。家にかかることもあれば、勤務先にかかることもあった。あるときはナウマンやライ

ンについて、勤務先のデスクの上で、延々四十分間講説を拝聴したことがある。》
わたしもときおり拙文中の疑問点をはがきで（わが家には電話がなかったので）、指摘されたことがあるが、近藤氏の場合は熱心な〝励まし〟であったのにくらべて、わたしの場合は〝お咎《とが》め〟であった点が、かなりちがう。
『アルプ』の原稿のことでは、日本の近代登山の父ともいうべき木暮理太郎氏のことを書いていただきたいとお願いしたことがある。人をあまりほめない武田さんでも、木暮さんにはその在世中からの変わらぬ親情をもちつづけていて、木暮さんを語れるのは田部重治さんと中村清太郎さんもいるが、ここで武田さんにお願いしようと編集会議できまったのである。わたしの依頼に武田さんはあまり積極的な承諾を示さなかったが、それでも一回分だけ書くから原稿用紙を送ってもらいたいと言われた。わたしは外で創文社に電話して、武田先生に原稿用紙を百枚送ってくれるように頼んだ。指定された日に原稿を受け取りに伺うと、一回で終わらなかったから続きになると言われる。「そうなると思って百枚原稿用紙をお送りしたはずですが」とお答えすると、「きみはなかなか先見の明があるねえ」と、この時ばかりは、いたくお褒めのことばにあずかった。
結局、武田さんのこの「木暮君と私」は第八八号から八九号、九〇号、九二号、九三号と、五回にわたる連載になった。木暮さんと共にした登山の回想記で、日本の近代登山の黎明期における貴重な証言になっている。一八八三（明治十六）年生まれの武田さんはこのとき八十一歳。高齢にもかかわらずお元気で、その後もいくどか『アルプ』に書いてくださったが、やがて体調の不順を訴えるようになり、一九七二（昭和四十七）年六月、八十九歳でいちずな学究の生涯を終えられた。

葬儀はカソリック神田教会でおこなわれた。日本山岳会のお歴々が会葬し、そのなかに温厚な槇有恒氏の顔もあった。

武田さんの父は、幕末から明治維新にかけての激動期に、英国の駐日外交官として敏腕を振るったアーネスト・メイスン・サトウである。そのせいだろう、武田さんの洗礼名はヨゼフ武田。型どおりのミサの聖歌がうたわれたが、わたしにはどうも武田さんとキリスト教とは、うまく結びつかなかった。植物学者の武田さんにはまた『道祖神』（アルス）、『路傍の石仏』（第一法規）、『農村の年中行事』（龍星閣）などの著書もあり、わたしがなんどか話を伺った部屋には神仏のお札がいくつも飾ってあって、土俗的な民間の習俗にも造詣の深い一面があったのである。

卑見ながら、武田さんについてはなお書いておきたいことがある。わたしには、武田さんは学問上の業績が偉大であったにもかかわらず、この国の〝学界〟では不当に不遇であったように思われてならない。

武田さんは東京外国語学校（現在の東京外国語大学）で英語、独語を修めたのち、一九一〇（明治四十三）年英国に渡り、ロンドンの王立理工科大学植物学科に入学。卒業後も同大学にとどまって二年のあいだ教鞭をとり、さらにバーミンガム大学に転じて淡水藻類の研究に従事し、ロンドンに戻ってからは王立キュウ植物園で陸上植物の分類と形態を研究して、多くの論文を発表している。帰国したのは一九一六（大正五）年で、滞英六年間の学究生活を送ったわけである。

学者としては申し分のない経歴のはずで、帰国後も国内各地の山を精力的に踏査して、植物の垂直分布にかんする新発見の学説を樹立し、図鑑をはじめ植物関係の多くの著書を公刊して高山植物についての並びない碩学《せきがく》でありながら、学界においてはその学殖《がくしょく》と実績にふさわしい礼遇で酬《むく》われたとは、わたしにはどうも思えない。

武田さんは、北海道帝大、京都帝大、九州帝大など遠隔地の国立大学の講師を歴任しながら、教授に推されることはついになかったのである。海外での修学の履歴が、閉鎖的なこの国の学界では正当な評価の妨げになったというべきなのか。

似たようなことが――学歴の点ではまさに対極的だが――武田さんが先師として敬慕した牧野富太郎氏の場合についてもいえるようだ。牧野さんはわが国の植物分類学の先駆者・確立者であり、定評のあるすぐれた図鑑で一般の植物知識の普及にも大いに貢献したにもかかわらず、小学校中退の独学者であったがために東京帝大助手・講師の地位にとどまらざるをえなかった。（腹立たしくも死後に文化勲章が贈られている。）

わたしには、本格的な評伝としての『武田久吉伝』がいまだに刊行されていないのは、この国の登山界の怠慢のように思えてならない。

武田さんは日本山岳会創立者のひとりであり、この人を抜きにしては日本の近代登山の草創期を語ることはできない。秘境尾瀬をはじめて世に紹介したのは武田さんであり、また利潤追求に目がくらんだ電力会社のたくらみで、この比類なき尾瀬の自然――武田さんが国宝、否それ以上と断じた貴重な自然――が貯水湖の底に沈まんとする危機をむかえたとき、その保全をつよく訴え、反対運動の口火を切ったのも武田さんであった。いわばこの人は、この国の自然保護運動の先覚者だったといっていい。

わたしの調査不足のせいか、武田さんは父親のアーネスト・サトウのことは、ほとんど語っていない。父と共にしたその幼少年期の情景を掘り起こし、英国留学当時の学究生活のありようも含めて、この人の全体像を造形した『武田久吉伝』の完成が大きな課題として今後に残されている。

（『日本岳人全集』（日本文芸社刊）の付録・月報（7）に、館脇操氏の「植物学者としての武田先生」と、平野長英氏の「武田先生のこと」が載っている。前者は武田さんの学績について、後者は武田さんの人柄についてのエピソードを書いて、よき参考資料であることを付記しておく。）

＊

中村清太郎さんと『アルプ』は関係はうすいが、わたしには個人的に忘れがたい印象がある。前述した「『岳人』友の会」の例会で中村清太郎さんに講話をお願いしようということになり、その件でわたしがでかけたのである。お宅は阿佐ヶ谷にあった。中村さんはみずから「阿佐ヶ谷の破屋」と書いているが、林にかこまれた少々ふるめかしい邸宅である。

屋内に通されて、お願いの件をすませ、むかしの山登りのことなど、雑談めいた話を伺った。画室には、岩の上にすわって、山上に現れた仏をおがむ播隆《ばんりゅう》上人の絵が、床《ゆか》の上に壁にもたせて置いてあった。小広い画室にはほかに目につく絵はなにもなかったから、槍ヶ岳を開山したその播隆上人の絵だけがとくにわたしの目についた。

『アルプ』の執筆依頼のことで、べつの折に伺ったのは、中村さんに田部重治さんのことを書いていただくためだった。そのことをお願いすると、中村さんはただちに承知してくださった。明治末年、田部重治さんと中村清太郎さんが大菩薩嶺から道をあやまって雪の大黒茂谷《おおくろも》に迷いこんでしまい、疲労困憊した田部さんが九死に一生を得たことは、田部さんの著書『山と渓谷』所収の「甲州丹波山の滞在と大黒茂谷」に詳しく書かれていて、有名な遭難事件である。中村さんは、その記事の田部さんの記憶の欠けた部分は、あとで自分から聞いたことをもとにして書かれた作り話のようなもので、なまじ自分が友だちを救けたことになるので、いままで書いたことがないが、その真相を書いてみると言われた。

この文章は『アルプ』八三号に「草鞋《わらじ》の山たび―田部重治君の事ども―」の題で出た。田部さんの困憊《こんぱい》ぶりと、友を残して救助をもとめて必死に谷を下る中村さんの苦労のほどがなまなましく語られていて、出色のドキュメントになっている。田部さんの遭難記と併せて読めば、いっそう興味は増すだろう。

中村さんは、右の文章を書いてしばらくのちに亡くなられた。そのため『アルプ』にはこの一篇の文しか遺されていない。また書いていただこうと阿佐ヶ谷のお宅を訪ねたおりに、門の板戸から年輩の女の方が暗い顔をみせて無言で首を横に振ったので、わたしは事態が深刻なのを思い、その場でそっと辞去した。

したがって、わたしには深いお付合いではなかったが、中村さんの印象は浅草生まれ日本橋そだちの江戸っ子らしく、気性がさっぱりしていて、だれにでも胸襟をひらく率直さがあり、にごりのない精神が生地《きじ》になったような人だった。東京商科大学（現・一橋大学）の前身である東京高等商業学校を卒業しているが、実業のほうに進まず画業の道をえらんだ。心のおもむくままに山の景物を描いたが、おそらく絵を売って稼ごうという欲気など寸毫も持っておられなかったのではないか。制作した作品の数もけっして多くはないはずである。

著書も少なかったが、歿後に大修館書店から出た『山岳礼拝』を読むと、「白根山脈の南半」といい、「大井川奥山の旅」といい、「黒部川峡谷の話」といい、高山深谷に分け入る大文章であることがわかる。ひたむきな山への真情の横溢した文章の随所に、正確にものを見つめる画家の目がひかっている。

中村さんは宗教者の敬虔《けいけん》さで山に対した。全身全霊で山に帰依《きえ》したといってもよい。《山は有り難いものだと思う。山は眺めて有り難く登って有り難く、想っても有り難い。》

と、「山岳礼拝」の文の劈頭《へきとう》に書いている。こんな裸の心を裸のままのことばで吐露した文章を、わたしはほかに知らない。

大修館刊行の『山岳礼拝』には「播隆上人登拝」の絵が口絵として収められている。わたしが阿佐ヶ谷のお宅のアトリエで見た絵である。槍ヶ岳の尖峰の左手の山越しに仏が姿をあらわし、その前にふたりの女面の菩薩（そのやさしい顔がとてもいい）がえがかれて、岩の上に坐った弊衣《へいい》の播隆上人が手を合わせて拝んでいる。仏は阿弥陀如来のはずだし、だとすると女面の脇侍《きょうじ》は観音と勢至の二菩薩になるのだが、ここではそんなことは、まあどうでもよい。ただ岩の上に坐して山を拝んでいる播隆さんは、まさに中村清太郎その人なのである。

＊

中村清太郎さんのことを書くと、どうしても田部重治さんについて書かなくてはならぬことになる。前述のごとくふたりは大黒茂谷の相棒だったし、そのほかにも木暮、田部、中村のトリオでしばしば山行を共にしている。それに田部さんも阿佐ヶ谷の住民で、家は中村さんの家のすぐ近くだった。

『アルプ』には、第三号の「山はふるさと」のあと、ぽつんぽつんといった調子で、まじめな原稿を書いてくださった。いずれも、むかしの山旅の回想記である。

田部重治といえば、いまは近藤信行編の新編で岩波文庫にも入っているその著書『山と溪谷』と結びついている。当節の登山者はどうか知らないが、かつては一人前の登山者であれば、名著として知られたこの山の紀行・随筆文集を読まない者はおそらく稀だった。わたしも第一書房から出たこの本を繰り返し読んだものだ。山の案内書ばかり読んでいたわたしが、はじめて山の紀行文の本として古書店で買って読んだのが、この本だったのである。書中の「笛吹川を溯る」などは、熱度の高い文章に感激して、紀行文というのはこう書かなくてはいけないのだと思ったりもした。

だが本ぜんたいから受ける印象としては、どうも沈鬱な感じで、若いわたしにはなにか馴染《なじ》みがたい気分をぬぐいきれなかった。あんまり真面目《まじめ》で、型にはまっていて、明るい雰囲気や、ユーモラスなところがまったくないのである。『アルプ』の原稿も、いつもまじめで、正座したようにお行儀がよろしかった。

田部さんのお宅は、こぢんまりとした、少々ふるびたような感じの洋風の家で、わたしは三度ほどお訪ねしたことがある。用事もないのに他家を訪問するという習慣がわたしにはないから、たぶんここでも『『岳人』友の会』の件か『アルプ』の執筆依頼のためだったろうと思うが、どうもよく思い出せない。どちらにしろ、わたしが持っている第一書房版の『山と渓谷』の扉の裏に「紅葉の中にせせらぐ谷川に鍋ひたしある山里の秋　田部重治」と直筆の歌と署名があるのは、お宅に伺ったおりに書いていただいたことは確かである。どんな話をうかがったかも記憶がはっきりしないが、憶えているのは愚痴めいたことをよく口にされたことだ。

たとえば、英国では紀行文や自然にかんするエッセーは詩のつぎに優遇されるが、日本では小説の下にとり扱われている、といったようなことである。

わたしが中村清太郎、田部重治のご両所に会った印象でいえば、中村さんを陽の人とすれば、田部さんは陰の人であった。人生問題の悩みをかかえて山に入った田部さんの、その翳の部分が、この人の文章に思索の趣をそえている。その内省的で、けっして神経が太いとは思えない田部さんの性格が典型的にあらわされているのが、秋川漂泊の山旅でうまれた紀行文——かつて多くの登山者に愛読された——「数馬の一夜」である。

田部さんの紀行文について、中村清太郎さんは前記した「草鞋の山たび」の文末のところで率直な意見を述べている。

《田部君は実に筆まめである。丹念によくもああまで次から次へと紀行を書きつづけ、著書を出しつづけたものと、ほとほと感嘆にたえない。それが絢爛華麗の名文型でなく素朴な散文型である。その素朴で一見無技巧に見える奥に骨格の備えがあり、これが君の真骨髄かと思う。》

と讃辞を呈しながら、つづけて次のような批評をくわえている。

《わたしは君をまた烏水を師と見るが、君の文章を君の全人格を百パーセント表現し得たものとは必ずしも認めない。どこかに書き洩らしている所があるのではあるまいか。詳密がリアリズムの真骨頂であるとは思わぬ。君の文章は丹念に語るが、遠慮なく言わせてもらえば、どこかよそよそしく、詩味が欠けている。わたしはもっと、君を詩人として認めたいのだ。君が語る素朴な文章には、「美しい」とか「うるわしい」とかの語句が大へん多い。ところがそれはそのまま読者には響かない。何が美しいか、何が……という読者の求めるものが語られ、もしくは暗示さえ十分与えられていない憾みがあるのだ。烏水が君の文章にあき足りない気持はよく分る。烏水も散々悩まされた描写の不足である。これが美しいものをなるほど美しいと読者に納得させるゆえんのもの、それの欠如に外ならないと、後生不肖のわたしは考えるのである。君の人と作品を語る依嘱で書いた随筆が、苦い味をおびてしまったことをお詫びする。だが真意は、君の仕残しがなおあるという期待だ。願わくば老来自愛自奮して下さるよう祈ってやみません。あなかしこ。》

つい長い引用になってしまったが、この文は田部さんの文章の欠点をよく突いていると同時に、中村さんの正直な人間性がよく出ていると思えるからである。中村さんは巧みな筆のわざで自分の心を曲げたり、事実を表面的なきれいごとで済ませたりすることなど、できない人なのである。英国の浪漫主義の詩人、ワーズワースやキーツなどの学究者である田部重治氏の文章について「詩味が欠けている」というのは、ずいぶんと酷だが、これは長年の親交をかさねてきた友だからこその直言だろう。たしかに田部さんの文章は、奥秩父や秋川のそれには思索的な詩情があるが、北アルプスの紀行文は総じて詩趣に乏しい。探検登山時代の記録的・案内的な価値は認められるとしても、読んでいて心にひびくものが足りない。中村さんのように詩味にこだわるよりも、不遜ながら偽りないわたしの感じでいえば、文章にこくがないと思われるのである。

田部さんの文章に「美しい」「うるわしい」の語が頻出することはわたしも気になっていたことだが、いま中村さんの指摘に刺激されて、あらためて田部さんの「美ヶ原と霧ヶ峰」を読んで、「美わしい」「美わしく」「美わしさ」の頻出度を調べてみた。この紀行文の美ヶ原の部分は四百字詰の原稿用紙で八枚ほどの分量だが、そこで使われている「美わし」「うるわし」の形容詞形、副詞形、名詞形は、《塩尻附近の秋色は美わしかった。》をはじめとして、十三個もあった。無神経というか、表現力の不足というか、いずれにしても、山にたいして篤い信仰心のような崇敬の念をもった人の実直な文章であるだけに、そのことがひどく惜しまれるのである。

＊

河田楨《みき》さんも、わたしにとっては忘れられない人である。

河田楨といえば、ふるい登山者ならだれでも『一日山の旅』の著者としてその名を憶えているだろう。一九二三（大正十二）年に自彊館書店から出版されたこの本は、河田さんの著作の第一号であると同時に山の案内書のはしりでもあり、版を重ねて多くの登山愛好者を生み、尾崎喜八さんも串田孫一さんもこの本を手引きにして山登りをはじめたのだという。わたしが山登りをはじめたころは、朋文堂から地域別に著者が分担執筆する『東京附近山の旅』という総合的な案内書が出ていて、河田さんのこの本のお世話になることはなかったが、その後に出た河田さんの『静かなる山の旅』(自彊館書店)、『山に憩ふ』、『山とふるさと』(ともに山と溪谷社刊)などの紀行文集は、しみじみとした共感をもって読んだ。

『アルプ』の創刊号に河田さんは「磐梯山裏」という紀行文を書いている。その後もしばしば原稿を書いて、いわば『アルプ』の常連のひとりといってよかった。明治生まれの老登山家の文章は回想記が大部分なのだが、河田さんの原稿は現在形の紀行や随筆がほとんどだった。もともと低山や中級高度の山々を漂泊的に歩くのを好む人だったから、高峻の山に烈しい若さの情熱を全身的に燃焼させた人たちよりも、山との付合いの息がながいのである。そうした山歩きにふさわしく、河田さんの文章には旅慣れた〝山の文人〟のくだけた、やや渋い味わいがあった。

河田さんは尾崎喜八さんと親密な友情で結ばれていた。朋文堂から出た尾崎さんの『山の絵本』は初版の扉の次に「河田楨君にささぐ」と献辞があるし、また山と溪谷社刊の河田さんの紀行・随筆集『山に憩ふ』には「序文に代える手紙」と題する、河田楨論ともいうべき尾崎さんの懇切な序文が付せられている（この文章は「『山に憩ふ』友へ」と改題されて『山の絵本』に収められた）。いっぽう河田さんも『山とふるさと』などの自著で尾崎さんの篤い友情にたいする深甚な謝辞を述べており、ふたりは山を通じた無二の親友だったといっていい。

そのご両人が、あることで不仲になるのである。三宅修君が串田さんから聞いてわたしに語ってくれた事の次第は次のようなものだ。

このふたりが、たまたま目にしたある野草のことで、それが何であるかについて意見が分かれ、たがいに自説を固持してゆずらず、ついに仲たがいの破局にまですすんでしまうのである。ふたりはかなりのあいだ会うのを避けていたという。

串田さんの見方によれば、尾崎さんは目がよいから鳥でも植物でも観察に自信があるけれども、河田さんは視力が尾崎さんに劣るので鳥類のほうは尾崎さんに数歩をゆずるが、植物については尾崎さんに負けない自信があった。そのふたりの自然観察家がひとつの草が何であるのかで意見がぶつかって、たがいにそっぽを向きあうところまで行ってしまったのである。

老人どうしの子供っぽいケンカをみるようで微笑ましいが、このご両人にはそんなことでもムキになれるほどの親しさがゆるされていた、とみるべきであろう。

このおふた方をいれて、串田さんご夫妻や、三宅、大谷君らと、八高線の毛呂《もろ》のちかくの桂木観音にハイキングにでかけたのは、右の不仲事件からどれくらい経ってのことだったろうか。おふたりの〝仲直り〟はすでに成立していて（このまえに串田さんがふたりを某所のハイキングに誘いだして仲をとりもったのだという）、ときおりわたしがおやと思うような、なんだか艶《つや》っぽいような話までかわして、ご両所とも始終ニコニコとご機嫌であった。

丘の上にある観音堂の前の土の広場で、火を焚いてにぎやかに昼食をとり、それから越生《おごせ》にでるために沢ぞいの小みちを下った。その沢底の、水を流す濃緑色の岩がまだらな白い縞模様をえがいていてとてもきれいなので、わたしが思わず「なに岩《がん》なんでしょう？」と三人の博物学者に訊いてみた。尾崎さんも串田さんもちょっと考えた顔をして、だが答えはなかった。河田さんが、べつに知識をひけらかすといったふうでなく、ごくあたりまえの口調で「蛇紋岩です」と、はっきり言われた。

＊

深田久弥氏については、多くの人がその大らかで包容力のある人となりについて語り、評伝的な本もいくつか出版された。この国の登山家で、これほど多く語られ、これほどポピュラーな名声を得た人物はほかにいないであろう。「深田久弥を愛する会」、「深田クラブ」などという同好の組織がうまれ、氏がその山中で急逝した茅ヶ岳のふもとには「深田記念公園」というのができ、近年には氏の肖像をえがいた郵便切手まで発行された。

登山家としては異常な、この〝深田ブーム〟ともいうべき大衆的人気は、氏が著した『日本百名山』の影響によるものであることは、今更いうまでもあるまい。この本は一九六四（昭和三十九）年に新潮社から出版されたが版を重ね、型を変え、文庫本にもなって多くの登山者に読まれた。それというのも、本書出版後に中高年登山者の急増という予想外の事態が起き、この新しい年齢層の登山者の需要がこの本の異常な人気につながったことは確かだろう。深田『日本百名山』はかれらのバイブルとなり、既成の登山者たちが揶揄的に呼ぶ〝百名山詣で〟、〝百名山めぐり〟という流行現象まで生じるにいたった。一九六五年、第十六回読売文学賞を受けたこの本が、大方は文学書として読まれず山の案内書として読まれるというのは、名著にとってうれしいことではあるまい。

深田さんは、あまり人の行かない静かな山が好きだった。にもかかわらず、いまや〝百名山ブーム〟という過熱状態が発生し、かつては人に知られず古来の静寂を保っていた山にまで登山者が集まって、『傷だらけの百名山』という本まで出版されるにいたった。

深田さんがいまもなお存命ならば、自分でも予想しなかったであろうこの事態を何と思われるだろうか。深田さん自身に罪はないが、その本が独り走りして、よからぬ現象に手をかしてしまった事実は否めない。が、それにしても、温厚で、物事にあまり頓着しない鷹揚な深田さんの顰《しか》め面を想像するのは、わたしにはむずかしい。

『アルプ』にとって、深田さんは大事な寄稿者のひとりだった。創刊号には「神流川を溯って」の紀行を書いているし、亡くなられるまでに十六篇の作品を寄せてくださった。そのほとんどが紀行文である。

深田さんの文章は平明で正直で、気取ったり飾ったりしたところがまったくない。素朴なリアリズムを思わせる文章は、故意に粉飾を拒否しているようにもみえ、それは文学者としての潔癖感だとさえいえる。深田さんの人となりそのままの、こうした素直な散文は一見だれにでも書けそうに思えるが、これで読者の心をとらえるのは、美麗な修辞で読者を釣るよりもはるかに難しいのである。

わたしについていえば、深田さんは、尾崎さんとともにわたしの文章のよきアドヴァイザーであった。深田さんには「きみの文章にはもう少しスキがあってもいい」と言われたことがある。そのころわたしは文章にスキを見せない完全主義を信条としていたから、深田さんはよく見ているなと思いつつも、その真意がよく理解できなかった。が、後年になって、深田さんのアドヴァイスが身にしみて理解できるようになった。才能の乏しい者の完全主義など思いあがりか、無自覚の虚栄心の発露にすぎない。むりに背伸びをして多量のエネルギーと時間を浪費するよりも、自分の身丈《みたけ》にあった、質実でのびやかな文章をこころがけるべきだ。そう自覚しながら、いまだにわたしが表現の自在を得ていないのはつらいところだが。

『アルプ』とは無関係に、わたしにはありがたい深田さんの思い出がある。一九七〇（昭和四十五）年、わたしは小学校五年の息子と四年の娘をつれて、学校の夏休みに東京から松本まで徒歩旅行をした。山手線目黒駅に近いわが家から出発して、立川―秋川

―三頭山―小菅谷―大菩薩峠―塩山―帯那山―御岳昇仙峡―木賊峠―金山―信州峠―御所平―野辺山―八ヶ岳―霧ヶ峰―美ヶ原―松本と歩き、二十一日間かかった。宿屋や山小屋にも泊ったが、河原で野宿もしたし、神社で眠ったりもした。わたしたちはこれを「信州遠征」と呼んだ。

この「信州遠征」を達成してしまうと、松本からさらに西へと進んで福井の日本海まで歩いてしまおうという気持ちがふくらみ、また三人でその「越前遠征」を決行したのは翌々年、一九七二（昭和四十七）年の夏休みである。松本―島々―徳本峠―上高地―焼岳―中尾峠―蒲田川―高山―御母衣―白山―白峰―勝山―永平寺―福井―東尋坊―吉崎―大聖寺と歩きとおして十九日間かかった。結局、親子三人で東京から日本海と大聖寺まで四十日かけて歩いたことになる。

この旅で忘れられないのは、まえの「信州遠征」のおり、東京を歩きだした最初の日に井の頭線の東松原駅の近くを通りかかり、ふと思いついて、何度か訪問したことのある深田さんの家にお寄りしたときのことだ。わたしたちの徒歩旅行のことを知って深田さんと奥さんはたいそう感心し、子供たちはお菓子などいただいて励ましをうけた。深田さんが茅ヶ岳で急逝されたのは、その翌年のことである。

「越前遠征」の最終目的地である大聖寺では、深田さんの生家でご厄介になった。きたない服装で大聖寺の町の通りを歩いていた三人連れの親子に声をかけて迎えてくださったのは、深田さんの令弟の弥之介さんご夫妻である。深田久弥さんの奥さんの志げ子夫人が、わたしたちが大聖寺に行く旨をまえもって伝えておいてくださったのである。懇切なもてなしをうけて泊めていただいた翌日、わたしたちは弥之介さんの奥さまに案内されて、近くの本光寺というお寺で深田さんのお墓参りをすませた。

結局、この二夏《ふたなつ》の親子の〝遠征行〟は、その最初の日と最後の日に、生前と歿後の深田さんの恩恵をこうむったことになる。深田さんを識る人が、だれもみな深田さんへの親愛と敬慕の情を語るのは、だれをも受け容れるそのあたたかい大らかな人徳によるのである。

＊

わたしは日本山岳会の会員ではないので、同会の重鎮である加藤泰安氏とは懇意なあいだがらではなかったが、この人のことは妙に忘れがたい印象で記憶に残っている。『アルプ』にとっては、この人ならではの貴重な寄稿者であった。寄稿の動機は、今西錦司氏のことを書いてもらおうと依頼したことだったと思う。泰安さんは第八六号に「ロマンチスト今西錦司」という題でそれを書いてくださった。そしてそれ以後、平均して毎年二篇ぐらいの割合で原稿をもらうことができた。いずれも力のこもった文章で、とくに第一〇〇号に載った「山の遍歴」などは、日本の山から蒙古、ヒマラヤへと未知を求めてさまよった魂の記録で、スケールの大きな登山家・探検家である加藤泰安氏の面目が躍如としている。

泰安さんは伊予大洲《おおず》の藩主の嫡裔《ちゃくえい》で、世が世ならばわれわれ庶民が「タイアンさん」などと気安く呼べるような人ではないのだが、この人はそうした血筋のよさからくる紳士の面と、みずからそれをぶち壊そうとする相反の両面があり、親しい知人たちが語るのはその後者のほうの面である。一九六六（昭和四十一）年に茗溪堂から出された加藤泰安著『森林・草原・氷河』には、折込みの付録がついていて、そのなかで桑原武夫氏はこう泰安さんのことを書いている。

《若いころはそういういい家柄を恥じて、かれは下品になろうと努力を試みた。今も時たま銀座のバーで酔っぱらって、大正の流行歌と浪花節とを混合したようなものをがなって、女の子の嘲笑をかうのは、その名残りである。しかしかれの試みは究極に

おいて成功せず、かれの登山も酒も気品を失うことはなかった。》

深田さんもおなじ折込み付録で、「山の蕩児タイアン氏」という題で、この両面人間のことをこう書いている。

《鬼のタイアンと呼ばれると、仏のタイアンだと言い張る。もし仏のタイアンと言われたら、鬼のタイアンだと頑張るだろう。傲岸のようで謙遜であり、皮肉を弄して素直であり、悪玉ぶって善玉であり、その一筋縄でいかないところに、著者の文章の尽きない妙味がある。》

わたしの知っているのは、しかしそういう〝悪玉〟ぶりの泰安氏ではない。〝紳士〟と見られるのはこの人にとって最もうれしくないことだろうが、わたしが接した泰安さんは紛れることのない〝紳士〟であった。一九七一（昭和四十六）年に創文社から出た泰安さんの『放浪のあしあと』には、『アルプ』に発表した文章を多くあつめて著者のポートレートが数葉収載されているが、どれも温順で上品な顔がうつっている。文章はところどころに辛辣《しんらつ》な評言が出てきて、たしかに一筋縄ではいかない堅固な正統派登山家の精神が芯になっているが、いくら悪たれじみた言辞を弄しても、その底には隠しようもない山男の純情がキラリと覗いている。

わたしが泰安さんに会ったのは『森林・草原・氷河』の出版記念会のときが最初だったが、この会場がどこだったのか、いまではうまく思い出せない。初対面のあいさつをして、『アルプ』の編集を手伝う者のひとりとして少しばかり話をかわしたはずなのに、その記憶もぼやけている。ただ印象として残っているのは、この人は明治生まれだと聞いているのに、えらく若い人に見えたことだ。頼りになる現役の先輩、という感じでわたしの目には映った。

その後、泰安さんのお宅にいちど伺ったことがある。山手線の新大久保の駅から歩いて明治通りの近くにある、ごくふつうの住宅だった。

たしか新橋か虎の門あたりにあったと記憶する会社を訪ねたこともある。両方とも何で出かけたのか忘れているが、わたしと泰安さんとは私的なつながりはなかったから、『アルプ』の執筆依頼のことで伺ったのだろう。会社はビルの何階かに事務所があり、不二音響テレビという社名だったと思う。奇妙だったのは、かなり広い事務室はガランとしていて、社長の泰安さんがひとり机のところに黙然としているだけで、ほかの社員は出張でもしているのか一人も姿が見えない。泰安さんはいろんな事業をひきうけたと聞いている（真偽のほどはわからない）が、あの会社はうまく行ったのだろうか。その辺の事情に通じている人がいたら、ちょっと訊いてみたいような気もする。

文章にあからさまでなく、わたしも直接知らない泰安さんの素顔の証拠が、深田邸に残されていた。深田さんのお宅の書庫「九山山房」には来客帳がそなえられていて、そこに泰安さんはこんな詩を書いているのである。

「九山山房美酒醇醇　春宵有情夜深沈」

「四十年春」とあり、「泰安」の署名の下に花押《かおう》がデンと印されている。おそらく深田さんと二人で愉しく美酒をかわしたのであろう。殿様らしい大柄な感興のあふれた佳句である。

この来客帳の別のページには、おなじ泰安さん自筆のトンデモナイ絵が墨で描かれている。裸の男（泰安さん?）が柱のごとくそそり立つ巨大な男根を握りしめて、その巨根のてっぺんには日の丸が立っているという勇ましい絵である。酔余の戯れというやつだろう。上方に三角の山がえがいてあり、巨根のかたわらには「勇渾一番」と景気のいい文字が書かれていて、ここにも花押がどっしりと大きく印されている。

深田さんと親交が厚く、この珍画《チンが》のコピーを愛蔵する横山厚夫氏の調査によれば、これは「美酒醇醇」の春宵のときではなく、同年の十二月ごろに描かれたものであるらし

明治生まれの執筆者

常連執筆者だった河田楨(右)。その隣、尾崎と串田

名著『山と溪谷』を著した田部重治

植物学の泰斗、武田久吉

書斎でもあった九山山房で深田久弥

1953年ころ、銀座で冠松次郎(右)と山口

山岳界の重鎮、加藤泰安

い。

それはともかく、わたしには、筆を動かす泰安さんのそばで、にこにこしながらそれを眺めている深田さんの顔も目にうかぶような気がするのである。

（余談ながら追記。前述したように加藤泰安氏は『放浪のあしあと』を創文社から出しているが、大洞編集長は大洲藩の家老の家の出であり、血筋からいえば家臣の家系の者が、藩主の嫡系の人の著書の編集を手がけたことになる。奇縁というべきであろう。）

＊

冠松次郎さんは、『アルプ』の執筆者として以上に、わたしには個人的に忘れられない人である。

冠松次郎といえば、黒部峡谷の開拓者として日本の登山史に逸することのできない大きな足跡《そくせき》を残した人であることは、一人前の登山者ならばまずだれでも知っていよう。

室生犀星は登山家ではないが、そのかれまで一九三〇（昭和五）年八月十七日の読売新聞の文芸欄に「冠松次郎氏におくる詩」を書いているのだ。

劔岳、冠松、ウジ長、熊のアシアト、雪渓、前劔、粉ダイヤと星、凍つた藍の山々、
　冠松、
ヤホー、
ヤホー、

廊下を下がる蜘蛛《くも》と人間、
冠松は廊下のヒダで自分のシワを作つた。冠松の皮膚に沁みる絶壁のシワ、
冠松の手、手は巌《いは》を引ツ掻く、
冠松は考へてゐる電車の中、
黒部峡谷の廊下の壁、
廊下は冠松の耳モトで言ふのだ、
松よ　冠松よ、

冠松は行く、
黒部の上廊下、下廊下、奥廊下、

鐵でつくつたカンヂキをはいて、
鐵できたへた友情をかついで、
劔岳、立山、双六谷、黒部、
あんな大きい奴を友だちにしてゐる冠松、
あんな大きい奴がよつてたかつて言ふのだ、
冠松くらゐおれを知つてゐる男はないといふのだ、
あんな巨大な奴の懐中《ふところ》で、
粉ダイヤの星の下で、
冠松は鼾《いびき》をかいて野営するのだ。

奔放までに荒っぽい骨太の詩で、みずから「谷狂《たにきち》」と称した冠松次郎の風貌と心魂をいかんなくとらえている（註・「ウジ長」は黒部の案内人で知られた宇治長次郎のこと）。この詩の書かれる以前に犀星と松次郎とは面識がない。おそらくこの詩の二年まえの昭和三年に出版された冠松次郎の第一著作『黒部谿谷』（アルス刊）を読んだ犀星が、黒部の険谷での松次郎の野性人そのものといった活動に、はげしく心を揺さぶられてこの詩いたのだろう。あるいは、『黒部谿谷』につづいて翌四年に出た『立山群峯』、『劒岳』（ともに第一書房刊）なども読んでいたかもしれず、また新聞、ラジオなどを通じて〝黒部の主《ぬし》〟である冠松次郎の業績に驚嘆していたのかもしれない。

いずれにしても犀星は詩集『鐵集』の中の「ノッソリと立つ男」、また文芸雑誌『若草』の昭和九年一月号に載った「絶壁をよじる人―冠松次郎氏におくる」など、おなじ主題を扱った関連詩を、じつに四篇も作っているのである。冠松次郎の行動の野性が、室生犀星の胸中の野性にするどく共鳴したとみていいだろう。

ここで冠松次郎氏の生い立ちと、冠家の歴史といったことを簡単にみてみたい。

松次郎は一八八三（明治十六）年、東京市本郷区本郷四丁目に五人きょうだいの次男として生まれた。家業は質商で、これは松次郎の曾祖父が旧日暮里《にっぽり》村の本家から分家して始めたもので、幕末からつづく冠質店は本郷区内に八七〇坪の地所をもつ富商であった。ほんらいの家業を継ぐことになっている松次郎は、当時の商家の習わしで、十四歳のとき本所のある質店に丁稚奉公《でっちぼうこう》に出されている。朝六時から夜十時まで働かされる辛い仕事だったが、勉学心に駆られて、店のしまった十時から十二時まで英語や数学の本を読みあさった。二十歳になって実家にもどり、神田あたりの学校で勉強したが、学歴というものはない、と松次郎は言う。この点、尋常高等小学校を中途退学しただけの学歴しかない室生犀星のばあいと、いくらか似ているかもしれない。もっとも家が裕福だったので、この頃、四男の弟は仙台の二高を了えて帝大に進んでいる。松次郎が山に登りはじめたのは、この実家にもどってからの勉学時代である。

ところで、さきにちょっとふれた日暮里の冠本家のことだが、これは武蔵野の古農で、旧日暮里村の半分以上の土地がこの家の所有に属していた。千年ちかくの旧家だというから、関東では徳川家康や太田道灌よりも古い家系をもつ。一九二六(大正十五)年に刊行された『日暮里町史』によれば、《当町一の豪農家で代々権四郎を襲名し現主は第二十六代目に当る旧家である。其の間、徳川将軍家より名字御帯刀御差し許しを得たり。尚、宮家上野寛永寺領一万三千石領分の管理であった。先代権四郎氏までは新堀村名主、地頭を勤む。》とある。明治になってからも村の助役、村長、郡会議員などを歴任し、大正五年には町内に冠町という名称まで付けられるほどの家柄であった。

以上は、二〇〇〇年に冠松次郎歿後三十年を記念して北区飛鳥山博物館で催された「冠松次郎を偲ぶ特別展」のために作成された資料(冊子)に拠《よ》るものだが、余談としてなお付け加えておきたいことがある。

山手線の西日暮里と田端駅の中間あたり（荒川区西日暮里六丁目）に「冠新道」という、商店街らしい地名の通りがあることを東京都の地図帳で知り、本書の編集担当である神長幹雄氏をさそって先日それを見に行った。予想したような下町の商店通りで、時間が夜で遅かったため戸を閉めている店が多かったが、その中間あたりで偶然に入った熱海屋という割烹《かっぽう》で、その店をやっている気っぷのいい夫妻から興味深い話を聴くことができた。

このあたり一帯は、冠本家が造営した稲荷大明神のひろい境内だったもので、敗戦後に地主の冠家がその一部を「冠新道」と称して売り出し、それがこの商店街になったのだという。かつての稲荷大明神の建物は現存しないが、熱海屋の二階のテラスにしつらえた庭の奥に、「冠稲荷」と書かれた額をつけた赤鳥居の小社が祀《まつ》ってあった。気のいい主人は自動車でふたりを駅まで送ってくれ、それもこの探訪の良好な印象のひとつになった。

筆が冠松次郎の先祖のことにこだわって、冠さんご本人のことからだいぶ逸《そ》れてしまったので、ここでわたし個人の思い出に話を移す。

わたしが冠さんを識ったのは一九五〇年代のいつごろのことだったか記憶がはっき

りしないが、実際の山行が縁になったわけではない。銀座の三越の運動具売り場で夏のシーズンをあてこんで「登山相談所」というのを催すことになり、冠さんが日本アルプスと富士山、横浜山岳会の奥野幸道氏が丹沢、わたしが谷川岳と八ヶ岳、ほかにその方面のガイドブックの作者で名の知れた東京都庁観光課のO氏が奥多摩と奥秩父、という顔ぶれと役割り分担で、それが行なわれた。日当とデパートの食堂の昼食が付き、まだ〝戦後〟の終わらないころのことだったので、これはありがたかった。ところが、冠さんも奥野君もわたしも時間いっぱいまじめに務めているのにO氏はあまり姿を見せない。そのくせ昼食時にはきまって現れるのである。冠さんが、「O君はどこかと掛持ちをやっているのではないか。自分の分担をちゃんと果たさずに消えてしまうのは怪《け》しからない」と憤慨しておられた。O氏の怠慢は、山の大先輩である冠さんに対して失礼でもあろう。だが冠さんの憤慨はそんなことではない。世馴れたO氏の抜け目のなさがゆるせなかったのだ。

だが、この相談所の仕事は、わたしにはおもしろかった。登りたい山についてのまじめな相談に親身になって応じるのは、自分の経験から得た知識が他人に役立つという満足感があったし、同席の冠さんとも奥野君とも隔たりのない親しさを感じた。この夏の登山相談所は、翌年に日本橋の三越でも催されたが、その次の年にまた銀座の同店で開かれたかどうかは、どうも記憶がはっきりしない。

ともあれこの登山相談所での同席が機縁になって、その後わたしは何度か冠さんのお宅におじゃましました。お宅は北区岸町二丁目。王子駅で降りて、小さな池のある「名主の滝公園」というのを過ぎて、すこし行ったところにあった。隠居所といった造りの、こぢんまりした平屋の家で、そこで探検登山時代の話をいろいろと聴かせていただいた。

冠さんは筆まめな人だった。著書は三十冊を超え、戦後の出版事業がままならぬころは、自分で刷られたのだろう、謄写版刷りの小冊子をよく送ってくださった。『アルプ』にもほとんど年ごとにまめに書いてくださった。原稿の執筆依頼を断られることはなかったが、『アルプ』が一二〇号を過ぎたころ依頼状を出すと、体が弱ってきたのでもう執筆は不可能という葉書が編集室に届き、わたしはそれを、ひどく暗い気持ちで読んだ。冠さんが亡くなられたのは昭和四十五年七月、「萬松山房」と名づけられたあの岸町の隠居所のような家で、静かに息を引きとられたという。享年は八十七歳、山一筋の熱い生涯であった。

＊

明治生まれの寄稿者の常連としては、以上の方たちのほかに、今井雄二氏についても書くべきだったろう。この人には、戦時中に東京から蓼科山麓の池の平（現在の白樺湖）に移り住み、そこで炭焼き生活を送りつつ、その周辺の風物を詩情ゆたかに綴った『高原風物誌』（同信社）があり、おなじく登山家である喜美子夫人との共著『心に山ありて』正・続（同信社）の、味わい深い作品集もある。いずれも『アルプ』に発表された作品が主になっていて、文学青年だったころのロマンチシズムが熟年になっても失われていない、そんな純情の趣がある。

とりあげられなかった人で、わたしには生前に面識を得なかったことが悔まれる方が一人いる。島田巽《たつみ》氏である。島田巽著『遥かなりエヴェレスト—マロリー追想—』（大修館書店）が出たとき、わたしは「編集室から」の欄でこの本を紹介して、いささかのことを書いたのだが、それにたいして島田さんからわたし宛の丁寧なはがきの礼状が編集室に届いた。それを機に、思い立てばお会いすることができたはずなのに、わたしはついつい返事を書く労を怠ってしまった。一九〇五（明治三十八）年生まれの島田さんは日本山岳会名誉会員であり、朝日新聞の欧米部長や論説委員を歴任し、九四（平成六）年に八十九歳で亡くなられた。『アルプ』には第六号に載った「ダージリンの町角で」以下十五篇のエッセーを寄せてくださった。著書は前記『遙かなりエヴェレスト』のほか『山・人・本』、『山稜の読書家』（いずれも茗溪堂刊）、訳書には松方三郎氏と共訳したヒラリーの『わがエヴェレスト』、またエヴァンズの『カンチェンジュンガ―その成功の記録』（いずれも朝日新聞社刊）がある。山の本をこれほど愛して深く読みこみ、筆慣れた温かみのある達意の文章をしっかり書ける篤学の登山家は、いまの岳界では皆無であろう。その意味でも、その人格にふれる機を逸してしまったことが、いまでもほのかな悔いになって残っている。

第九章

大正・昭和生まれの執筆者

明治生まれの先人たちに敬意を表して、その人たちのことばかり書くと『アルプ』がいやに年寄りくさい雑誌になってしまうので、ここで年齢をさげて大正・昭和生まれの執筆者たちのことを書かなければならない。『アルプ』の主筆の串田孫一が大正四年生まれであるし、三年生まれの辻まことや、そのほかにも大正生まれの執筆者は幾人もいる。昭和生まれでは編集委員の三宅修、さらに若い岡部牧夫が執筆者を兼ねて旺盛な筆力を示し、昭和一桁《ひとけた》生まれの三宅と同世代に属する版画家の大谷一良、詩人の田中清光、作家の近藤信行、画文の永野英昭や中村朋弘、そのほか青柳健、手塚宗求なども主要な執筆者であった。『アルプ』の中心部分を占めたのは、この大正・昭和生まれの若手世代なのである。そのなかから主な幾人かをえらんで、その人物と作品を覗いてみることにする。

*

朝比奈菊雄。一九一七（大正六）年、東京生まれで、旧制松本高校、東京帝国大学を卒業して、東京薬科大学教授、新潟薬科大学学長をつとめた。その間《かん》、第一次南極観測隊に参加して、手製の『南極新聞』を編集・発行し、また記録映画『ペンギンの国』を撮影・製作したりした。二〇〇三（平成十五）年に八十六歳で逝去。

わたしはこの人に、敗戦五年後の年に長野県富士見の高原療養所で出会った。おたがいに肺結核の患者《クランケ》としてである。わたしは入院当初かなりの重症だったが、朝比奈さんはすでに順調な恢復期をむかえていて、療養所の顔役的な存在であり、病気の治療とは無関係の会合その他の行事をとり仕切っていた。蕗子《ろし》という号で、療養所内の俳句誌『白樺』を主宰し、また軽症患者を集めて仮装大会の音頭をとったりもしていた。その第一回の仮装大会では、華やかな衣裳をこらした患者たちの列が各病棟の廊下を回ってねり歩き、その先頭をゆく朝比奈さんは自分の片手にぶきみな採色をほどこしてそれを細長いボール箱の中に納め、当時新聞でさわがれた「ザビエルの奇跡の腕」を模して、女性患者の前でパッと箱の蓋をあけて彼女たちをキャアキャア言わせたりして、さかんな喝采をあびたという。

朝比奈さんとおなじく東京大学医学部薬学科を卒業して東京薬大の教授をつとめ、フッ素化学の研究で国の内外から高い評価を受けてその第一人者となった小林義郎さんは、当時わたしよりもまえに療養所に入院していて、クリスマス・イヴの演芸大会での朝比奈さんの活躍ぶりを、こう語っている。

《朝比奈さんはすべての出し物のプロデューサーを買って出、自らも脚本、演出を担当し、看護婦全員をタヌキに扮させ、タヌキ村の悪村長にストライキで対抗するという、院長の正木不如丘氏（作家としても高名）と看護婦の関係を風刺した劇を上演し、大爆笑を得るなど大活躍しました。》（追悼集『朝比奈さんを偲ぶ』）

要するに、朝比奈菊雄氏は人の意表をつく奇才の持ち主だったことが、この一件だけをもってしてもわかるのである。

敗戦後に東京から富士見に移住して分水荘という森の山荘におられた尾崎喜八さんを、療養所の患者として初めて訪問し、尾崎さんと療養所患者とのつながりの端緒をひらいたのも朝比奈さんだった。このあと、小林さんやわたしも含めた数名の患者が、いわば〝尾崎学院〟の生徒というかたちで分水荘通いをするようになり、この師弟関係は尾崎さんが東京に戻られたのちも「穂屋野会」と称して継続し、毎年、尾崎さんの誕生日には一同が尾崎家に集まって、ご馳走と歓談ににぎやかな時をすごすのが恒例になった。その席での、尾崎さんを相手にした朝比奈さんの身ぶり手ぶりをまじえた丁々発止のことばの遣《や》り取りは、まさに当意即妙の名人芸といってよかった。

朝比奈さんは、たぶん尾崎さんの推挙によるのだろう、『アルプ』の創刊号に「僕のカトマンズ」という随筆を書いている。かれが高等学校での青春を過ごした松本を、ヒマラヤを望むネパールの首都カトマンズになぞらえたものだ。

『アルプ』には、つづけて「穂高山冬期登山」というのを第一一号、一二号、一四号と三回にわたって書いている。東京帝大スキー山岳部の仲間たちと行なったかなりズッコケた穂高の冬登山の話で、ピンスケ、オタネ、ヤキトリ、カイト、トンキョウなどという仲間たちが、あだ名のままで出てくる。雪稜でのテントぐらしで、作者が鍋に排出した下痢便がカレーと間違われてグツグツ焜炉《こんろ》で煮られたり、男の一物《いちもつ》についての露骨な会話が出てきたりして、顔をしかめるか、あるいはよろこぶ読者もいるだろうが、そんなことは別として、これはなかなかの文章なのである。なによりも、生き生きした会話がその場での現実感《リアリティ》を高めているし、地の文も軽快なテンポで読者をひっぱってゆく喜悦感がある。

だが朝比奈菊雄の代表作といえば、松本高校の寮歌の題をかりた「ああ青春」だろう。『アルプ』九四号から一六九号まで、二十九回に分けて連載された。年月でいえば一九六五（昭和四十）年十二月から七二（昭和四十七）年一月まで、六年を超える長丁場である。戦時色の濃くなりつつあった時代、浪人して一年間補習科の世話になった府立第六中学（現在の都立新宿高校）の軍国主義教育の愚かで滑稽《こっけい》な風景をえがくことから物語ははじまる。無事、北アルプスのふもとの松本高校に入学して、山岳部に入り、山登りと、いささか放埒《ほうらつ》な学寮生活をおくりつつ、最後は上高地に通うバスの女車掌に熱い恋心を燃やして、失恋の苦杯をなめさせられることで、この物語は終わりになる。作者が「エーデルワイス」と呼んで心の聖壇にまつったこの美人車掌へのストーカーぶりは、読んでいてまことに涙ぐましい。山登りや学窓生活のあれこれを叙して、これはおかしくも切ない青春の物語なのである。

この長篇は、さきの二篇と、『文藝春秋・漫画読本』に掲載されたこれもおかしい「アルプスの餓鬼大将」の一篇をくわえて、『アルプス青春記』と題する単行本にまとめられ、実業之日本社から刊行されている。

以上に見たように、朝比奈さんという人はどんなところでも悪童ぶりを発揮する陽性の人間だったのだが、わたしはある時ひどく機嫌がわるく暗いかれの一面に接して、おや、この人は躁鬱《そううつ》症なのかな、と思わせられたことがある。

はたしてかれの晩年は鬱の症状が昂じて、かならずしも順調とはいえないようなものであったらしい。前記、朝比奈さんの追悼冊子にある小林義郎さんの談話でも、

《朝比奈さんは東京薬大を定年退職した後、新潟薬科大学長になり、いろいろな業績

を残しましたが、たまたまわたしが文部省の視学委員として訪ねた時、わたしはかれに心の病の兆しを感じ、往年のかれを知る者として痛々しく感じました。》と語っている。小林さんはさらに、

《かれの才能は日本屈指の大学者のＤＮＡが別の方向に開花したものと理解しますが、教育者の家庭に育ったことは大きなプレッシャーだったのではないかと同情します。》とも述べている。「日本屈指の大学者」とは、東大医学部薬学科の神様的存在だった朝比奈泰彦博士のことで、この人は地衣類研究の世界的権威で、文化勲章の受章者でもあった。

＊

近藤信行。一九三一（昭和六）年、東京に生まれた。中央公論社に勤め、『中央公論』、『婦人公論』などの編集にたずさわったのち、同社の文芸雑誌『海』を創刊している。『アルプ』への登場はおそく、「『文庫』時代の小島烏水《うすい》」の連載第一回が載ったのは第一五二号である。この国の近代登山の先駆者である小島烏水についてのこの評伝は、さらに「小島烏水・山の風流使者伝」として第二〇七号までつづき、この題名で、Ａ５判

四五〇余ページの大冊となって一九七八（昭和五十三）年に創文社から刊行された。本の「あとがき」の冒頭に、長期におよんだこの連載の成立ちについての記述があるので、参考までにそれを引用する。

《山の雑誌『アルプ』に小島烏水の伝記を書きはじめたのは、昭和四十五年八月のことであった。それは十月号（一五二号）から掲載されたのだが、はじめは、明治三十年代の烏水、とくにかれの『文庫』記者時代だけを五、六回で書くつもりだった。しかし実際に書きはじめてみると、『アルプ』編集委員の山口耀久氏や創文社編集部から身にあまる激励をうけた。とくに山口氏は五、六回といわずに十分に書きこめと言ってくれた。また山の先輩知友からも、いろいろと励ましをうけた。そんなことから結局、『文庫』時代を十八回でまとめ、それからあとは自分なりに覚悟をきめて、続篇「小島烏水・山の風流使者伝」にとりかかった。二十一回目（二〇七号、昭和五十年五月）で大正二年までを書き、中断して今日にいたっている。一時的にも中断したのは、烏水伝の前半分をまとめてみようという要請があったからである。》

自分の名前が出てくるので面映《おもはゆ》いが、わたしとしては、これが完成すればこの国で初めての本格的な登山家の評伝になる、という期待があったからである。その期待どおり、この連載が『小島烏水　山の風流使者伝』として本になると、伝記文学の傑作という評価を得て、朝日新聞社の第五回大仏次郎賞を受けた。

近藤信行氏が『アルプ』に執筆することになったいきさつについては、ひとつのエピソードがある。

中央公論社の文芸誌『海』を創刊してその編集長であった近藤が、執筆を依頼するために、大阪府茨木市に住む作家の富士正晴を訪ねたさい、酒を振る舞われて歓談中に話がたまたま山のことにおよび、富士は近藤が山好きであることを知った。このことがあってのち、富士が弘文堂で同僚であった創文社の大洞正典に近藤信行のことを告げ、それで大洞編集長が近藤に『アルプ』への執筆依頼状を出したのが、ことの発端だという。人間関係の偶然が思いがけない実りをもたらした、これは好ましい一例だろう。

その後の経過は、さきに引用した近藤じしんの記述のとおりだが、この連載にそそいだ作者の意欲は並みなみならぬものがあった。烏水が一九〇四（明治三十七）年の二月に博文館の月刊総合雑誌『太陽』（第十巻第三号）に発表した「甲斐の白峰」は、当時白峰（北岳）が容易に登りがたい謎《なぞ》の山のようにみなされていたことから同好の士のあいだに少なからぬ反響をよんだが、これは『ジャパン・ウィークリー・メイル』（一九〇二年十一月一日号）に掲載された、英人宣教師ウォルター・ウェストンの「甲斐ヶ根の登山」（The Ascent of Kaigane-san）を下敷きにした架空登山の記文であることを、近藤はウェストンの原文の要所と、それに対応する烏水の文を照合することによって、徹底的に究明のメスを入れている。烏水のこの白峰行がウェストンの紀行文を借りた机上登山であろうとは、烏水の僚友であった武田久吉がかねてから口にしてきたことだが、近藤は武田のこの類推を手がかりにして、さらに深く資料を捜査し、右の英文週刊誌に載った原文をつきとめて、それを盗用した烏水の偽文の種明かしをやっているのである。この捏造《ねつぞう》登山の紀行文の影響が少なくはなかっただけに、これを糾弾する近藤の筆鋒は仮借なきまでに鋭く、烏水の人間性の暗部にまでも切り込んでいる。批評文というものが、ときに人間の腑分《ふわけ》をするほどの覚悟を要するものだとすれば、近藤もまたその覚悟をみずからに要請したにちがいない。

が、しかしだからといって、この本で烏水を評する近藤の筆が冷たいわけではけっしてない。小島烏水は、なんといっても日本の近代登山の草創期に活躍した偉大な人物であり、その功績を称えるのに近藤はことばを惜しんでいない。明治の青年文芸誌『文庫』の記者として健筆をふるった烏水は、すぐれた紀行文家として知られ、先輩の滝沢秋暁らと共にこの雑誌の中心的存在であった。近藤はここでの烏水の交友関係にもあたたかい目をむけている。とりわけ、誌友である薄幸の病詩人・横瀬夜雨の厄介な女性問題に、烏水が親身の友情をもって係わったことにふれて、情誼《じょうぎ》に篤かったかれの性情の一面も漏らさずに書きとめている。

紀行文家として審美的な山水漂泊の旅行者だった烏水は、志賀重昂の『日本風景論』の影響で〝山岳〟にたいする新しい目がひらかれ、この国の近代登山の幕をあける先駆的な登山家へと成長してゆく。近藤はその成長の歩みを克明に追いながら、紀行文家であると同時に登山の先導者であった烏水の全体像をえがきだすことに、全力をかたむけている。能《あた》うかぎりの資料を読みこみ、適確な註解をくわえて、その執拗な追究は倦《う》むことを知らない。そこには編集者として鍛えられたかれの力量が存分に活かされている。烏水の文章そのものにたいする的を射た論述も、長年の編集者のキャリアでみがかれた冷静な批評眼によるのだろう。

ところで小島烏水の果たした山の業績といえば、『日本アルプス』全四巻をはじめとする二十冊を超える著作のこともあるが、その最大の功績は、なんといっても日本山岳会の創立であろう。帰英したウェストンの教唆《きょうさ》で、英国の「アルパイン・クラブ」にならい、烏水は植物学同志会の武田久吉らと組んで、一九〇五（明治三十八）年に、日本にはじめての「山岳会」なるものを誕生させる。「山岳会」は機関誌である『山岳』を発行し、そこに山にかんするあらゆる研究・考察、探検的紀行文などが発表されて、当時の登山愛好者たちに啓蒙的な役をはたしただけでなく、その紀行文は山の文学的表現として育ち、大きな成果を生んでゆく。烏水の執筆の舞台も『文庫』から『山岳』に移り、かれはこの会誌の編集に精力的にとり組むことになる。「山岳会」の結成と運営は烏水にとって〝国民的事業〟であり、近藤の筆は、多血質の山岳人であるかれの風貌と活躍ぶりを語ってあますところがない。この『小島烏水』伝は、ひとり烏水という人物の評伝であるばかりでなく、日本の近代登山の夜明けを物語る正確な資料ともなりえている。

いまこの稿を書きながら、いまさらのように気づかされるのは、この国の近代登山の扉をあけるのに大きな力を発揮したのは小島烏水という紀行文家だった、ということである。日本の近代登山は日本山岳会の誕生にはじまり、その誕生を促進した中心人物は小島烏水であり、かれが情熱的な登山家であると同時に文芸にたずさわる筆の人であったという事実からすれば、日本の近代登山の幕開けはそのまま山岳文学の開幕であった、という見方がおのずとなりたつのである。

この評伝の『アルプ』連載中「小生が愛読者のトップ」と自認していた野尻抱影氏は、連載完結時に近藤氏にはがきを寄せて、その労をねぎらっている。本の「あとがき」に出ているそのはがきの冒頭の言葉は、

「長い間の御労作、完結となり、おめでたう存じます。いつも烏水さんの強度の眼鏡の笑顔を近くに感じながら拝読して来ましたが、最終回の同情に満ちた御文には深い感銘を受け、また、烏水さんの満足さうな顔が浮かびました。」

とある。

生前の烏水と親しかった〝星の文学者〟の率直な感想であり、同時にこれはまたこの本にたいする正当な評価とも読めるのである。

＊

『アルプ』誌上での長期連載は、以上に書いた朝比奈菊雄氏と近藤信行氏の二作だけではない。泉靖一氏の「遙かな山やま」も、『アルプ』第一一四号から一四八号にわたる二十四回の長期連載になった。一九六七（昭和四十二）年八月から七〇（昭和四十五）年六月まで、二年十カ月にわたっている。

泉靖一といえば、一般にはインカ帝国の遺蹟調査による文化人類学の先蹤者《せんしょうしゃ》として知られている。文化人類学は、この国では当初、正式の学問としては公認されず不遇をかこってきたが、東京大学教養学部に石田英一郎氏と協同して文化人類学研究室を創設し、この若い学問の拠点をつくったのが泉靖一氏であった。

文化人類学という実証的学問のフィールド・ワーカーである泉靖一の閲歴をたどると、アンデス調査にいたるまでの、かれの登山家・探検家としての姿がみえてくる。朝鮮半島の山々、済州島、大興安嶺、ニューギニアと、戦前・戦中の当時としては、その足跡《そくせき》はまことに広い。一九一五（大正四）年、東京に生まれたかれは、小学六年生のときに家族と朝鮮に移住して、京城帝国大学にまなび、在学中に金剛山の岩場の難ルートを登ったり、積雪期の冠帽峰の初登攀に成功したりしている。そうした活動的な登山家であったかれが、各地へのエクスペディションをつうじて探検家として成長し、文化人類学という現地調査の学問にのめりこむようになるのは、まさに当然のなりゆきであった。その一筋の生き方を、飾らずに平明な表現で書きつづったのが「遙かな山やま」であり、これは一学術探検家の自叙伝になっている。

この連載は、完結後に新潮社からおなじ表題で単行本になって刊行されたが、本で通して読むと、登山家としてのかれと学究者としてのかれをつないでいるのは、おなじような〝未知への探究心〟であったことがよくわかる。

わたしは泉靖一氏とは面識がなかった。この連載を泉さんに勧めたのは岡部牧夫君である。かれは東京大学の泉さんの教室の門をたたいて研究生になり、その関係で同氏と『アルプ』とのつながりが生じたのである。単行本『遙かな山やま』の巻末には、京都大学派の人類学者である梅棹忠夫氏が「泉靖一における山と探検」という長文の解説を書いていて、これは日本における探検の黎明期の一風景をつたえる貴重な証言になっている。

新潮社からこの本が出たのは一九七一（昭和四十六）年十一月であるが、その五ヵ月後に泉靖一氏は急逝された。

*

田中清光氏の「山と詩人」も、『アルプ』の長期連載もののひとつである。一九七九（昭和五十四）年五月の第二五五号から一九八三（昭和五十八）年二月の第三〇〇号の終刊号まで三十二回、途中で時どきの休載はあったが、『アルプ』の晩年のほぼ四年間にわたっている。

田中清光君は一九三一（昭和六）年、長野県更埴市の生まれ。『黒の詩集』（書肆ユリイカ）、『にがい愛』（弥生書房）など幾冊もの詩集があり、立原道造や八木重吉にかんする評論集も著している。詩の同人誌としては、串田孫一氏の主宰する『アルビレオ』に属した。そのせいで、串田孫一の作品集には串田文学の研究者として旺盛な解説の筆を執っている。詩人としてかれの主題は多方面にひろがっているが、串田文学の解説者としてはかれ以上の適任者はいないだろう。一九九八年一月から同年九月にかけて刊行された筑摩書房版の『串田孫一集』には、全八巻をとおしてかれがすべて解説を書いている。

ところで長期におよんだこの『アルプ』での田中清光君の連載は、誌上発表の題名とおなじ『山と詩人』の書名で、文京書房から菊判六九四ページの単行本になって出版された。堅牢に造本されたこの部厚い大型本を見ただけでも、それが非常な労作であることがわかる。

連載の第一回は北村透谷の『楚囚の詩』、『蓬莱曲』、第二回は国木田独歩の『叙情詩』とはじまって、最終刊の三〇〇号では堀口大学の『山嶺の気』、『雪国にて』、丸山薫の『北国』、『仙境』などの詩集に収められている山や村里の詩を紹介して、日本の近代詩にあらわれた山およびその周辺の詩と詩人の総覧を試みている。

いまこの大冊を一読して感じたことは、「山の詩」といっても、それは眺められた山、村里の生活や習俗の背景にある山、観念のなかで聖化された山が多く、山登りの体験から生まれた詩作品は意外と少ないことである。これは山をうたった詩人の多くが山に登る人間ではなく、山登りを実行する人間で詩を作る才能のある人間はごくわずかだという実情があるかぎり、致しかたのないことなのであろう。

したがって、この本で扱われた詩人は、『明星』などの新体詩の詩人から、アナーキズム系、アヴァンギャルド系、民衆詩派、モダニズム派、プロレタリア派、また『四季』、『コギト』、『歴程』、さらに戦後の『荒地』の反自然の詩人までも含めてはなはだ広範囲におよぶが、「山」の詩というよりも「自然」をうたった詩が書中に紹介された作品の過半を占めている。『アルプ』が山の文芸誌であることから、作者は「山」にこだわって、それぞれの詩人の作品のなかから山およびその周辺の自然にかかわる作品をひろい出したのであろうが、山そのものを舞台にした佳品がけっして充分でないことを考えると、いっそのこと「自然と詩人」をテーマにしたほうが、より豊かな材料で、いっそう広やかな視野で深い論評が可能だったのではなかろうか。「山」を通してその詩人の核心に触れられる詩人はほんの一握りの少数者だったといってよい。それにくらべると「自然」はこの国の文化の伝統として多くの芸術を育て、詩もまた例外ではないのだから。(もっとも、「自然と詩人」ではテーマが大きすぎて手にあまるというのなら話は別だが。)

本書中には、辻村伊助、槇有恒、大島亮吉、河田楨、冠松次郎など著名な登山家たちも紹介されて、かれらが日本の登山思潮に大きな影響をあたえたことについてかなりのページをついやしているが、かれらに詩人的資質があったとしても遺したものは散文(紀行・随筆)であって、詩ではない。賢明な著者は、「山」そのものを近代詩の歴史のなかに位置づけることは材料不足でむりであることを知りつつも、あえて強引に右のような登山家の余技的な詩や、登山史の流れなどをそこに割りこませたりすることで「山の詩」の系脈を浮かびあがらせようと図ったのではあるまいか。「山」とはほとんど無関係の作品もかなり含まれていることとあわせて、この本がほぼ七〇〇ページの大冊であるだけに、力のこもった労作だとは知りつつも、「山と詩人」を扱った本としては少なからず水増しをしたような、夾雑《きょうざつ》の感じをまぬがれがたいのである。

とはいえ、多くの詩集のなかから山およびその周辺にかかわる作品をひろい出し、その作者の一人ひとりについて論考をくわえるのは、なかなかたいへんな作業だったろうと推察する。読者はこの本によって、山および自然が詩人たちの目と心にどんな像をむすぶのか、その交感の多様性は知ることができるはずだ。

＊

霧ヶ峰の手塚宗求といえば、いまでは登山愛好者のあいだで、かなりその名が知られているようだ。コロボックル・ヒュッテという名の山小屋の主人として、また霧ヶ峰を舞台にしたいくつもの本の著者として。

わたしがかれに会ったのは、わたしの二十代のおわりごろ、場所は沢渡《さわた》りに建つヒュッテ・ジャヴェルだった。松本市新村生まれのかれは、そのころジャヴェルの手伝いをしていて、強清水《こわしみず》の売店にいるきれいな娘さんと恋仲であり、彼女と結婚するためにも自分で経営する山小屋を持ちたがっていた。その夢がかなって、車山の西の肩にコロボックル・ヒュッテというかわいい山小屋を建てるにいたったいきさつについては、以前わたしが書いたことがあるので、ここには繰り返さない。

手塚君は『アルプ』には三十六篇の文章を書いたと語っている。その初期の作品を集めて一冊の本にしたのが『邂逅の山』で、その後に次つぎと出るかれの著書の第一号になった。この本の成立ちについては、手塚君じしんが次のように書いている。

《わたしの最初の本『邂逅の山』（筑摩書房）が刊行になったのは、昭和五十五年（一九八〇年）七月だった。ちょうどニッコウキスゲの花が全山に咲きしく盛夏に入った時期だった。わたしは自分の初めての一冊を、夜みんなが寝しずまってから読んだ。自分のものを改めて読むのは妙な気がした。

『アルプ』に書いていた文章がかなりまとまって、それを大分以前から一冊にまとめないかと、しきりに誘って下さったのが色川さんだった。色川さんという強力な後ろ盾になる人がいなかったなら、『邂逅の山』は形になって世に出ることはなかったろう。わたしは実に幸運だった。》（恒文社刊『山をめぐる人と書物』所収「下の小屋」）

文中の「色川さん」というのは、日本の近・現代史の研究家である色川大吉氏のことで、この人は、手塚君が営業用のヒュッテの下に建てた住居用の小屋の一部屋を仕事場に借りて、二夏《ふたなつ》をそこで過ごしたことがあったのである。

この『邂逅の山』を皮切りにして、手塚君は自分の生活する霧ヶ峰を舞台にした多くのエッセー集を出した。かれは本を出すたびに送ってくれるから、わたしの本棚には、かれの本がもう何冊も並んでいる。すこし書きすぎるんじゃないか、と思わされたりもするのだが、筆力は衰えをみせないし、勉強家であるかれにとっては、自分のくらす霧ヶ峰がいくら書いてもなお興味のつきない豊かな〝わが庭〟なのであろう。

わたしにとって霧ヶ峰は、はるかな青春の思い出の地だった。二〇〇六（平成十八）年の冬に世を去った妻が上諏訪の人間だったので、わたしたちは結婚まえの昭和二十年代の後半期のころ、二人でよく霧ヶ峰に遊びに行った。上諏訪の駅前から強清水行きのバスが出ていたが、わたしたちはそれを使わず、町の上にある平石山《ひらいしやま》という鉄平石の採石場にのぼって、そこから緩い高原状の台地を歩いて、池のくるみに出ることが多かった。途中に、マツムシソウやウメバチソウの咲く草はらや、牛の遊んでいる牧場があり、ツルコケモモがかわいい花をつけている湿地もあった。茫々と草原のひろがる霧ヶ峰には、池のくるみ、カボッチョ、蛙《げえろ》っ原《ぱら》、車山、鎌ヶ池、八島ヶ池、蝶々深山、鷲ヶ峰と、遊ぶ場所にはこと欠かなかった。

妻が逝った二〇〇六年、コロボックル・ヒュッテが創設五十周年をむかえるというので、小屋になじみの深い、串田さんのご家族と三宅、大谷君などむかしの『まいんべるく』の仲間たちにまじって、わたしもコロボックルの集まりに参加した。わたしにとっては三十余年ぶりで訪れる霧ヶ峰だった。まったくなにもかも変わってしまっていた。

長野県企業局が開発した「ビーナスライン」と称する観光自動車道が下界の俗塵をところ構わずまき散らして、景観を一変させてしまっただけでなく、いちめん茫々の草はらだった高原のあちこちに喬木や灌木がはびこり、そこはもう思い出の霧ヶ峰とは似ても似つかない場所になっていた。妻が帰らぬ人になってまだ七ヵ月ほどしか経っていないときだっただけに、思い出の地の変わりはてた景観にどうにも現実感がともなわず、それは白昼の悪夢にも似ていた。

低いガードのようになった自動車道路の下をくぐって八島ヶ池湿原を見たときは、これが霧ヶ峰か、と泣きたいような気持ちさえした。

一九三一（昭和六）年生まれの手塚君は、わたしより五歳年下である。昨年のこの時、かれは七十五歳の誕生日をほぼ一ヵ月半後にひかえ、わたしはすでに八十歳。おたがいに、仕事のできる残された人生はあとどれくらいか。口にこそ出さなかったものの、その思いはおそらく二人ともおなじだったろう。

だがわたしは、もう二度と霧ヶ峰を訪れることはあるまいと思う。

＊

小島烏水の伝記を発表した近藤信行

薬学博士の朝比奈菊雄

大正・昭和生まれの執筆者

コロボックル・ヒュッテの営業を始めたころの手塚宗求夫婦

秋川渓谷で鷹野照代

ある祝う会で談笑する蜂谷緑(右)と山口久子

登山者でない寄稿者

『涙をたらした神』の吉野せい

童話作家の神沢利子

山岳書出版の岡茂雄

蜂谷緑さんは、岡山県岡山市の生まれで、近藤信行氏夫人である。戦争中に、いわゆる〝疎開〟のかたちで東京から信州の豊科町に移り住み、この安曇野《あずみの》の町で戦中・戦後の足かけ六年間の少女時代をすごした。帰京して都立小松川高校在学中に、その安曇野の農家を舞台にした「祭」という戯曲を書き、それが上演されて創作劇賞を受賞。その後、俳優座戯曲研究会、『悲劇喜劇』戯曲研究会の会員となり研鑽《けんさん》をつんだ。

蜂谷さんの『アルプ』登場は、第一七九号に掲載された「常念の見える町」がはじめてである。以後、終刊の年までの十年間に毎年作品を発表して、それが二十五篇におよんだ。いずれも落ち着いた筆致の、女性らしい繊細な情感のこもった作品である。戯曲を書いた人だけに、山や野のことを書きながら焦点はつねに人間にむすばれていて、その人間を見る目はおだやかで、しかも明度が高い。しばしば哀しみをたたえながら、感傷にながされたり、甘さにおぼれたりすることがない。

さきの「常念の見える町」も、第一九一号に出た「わたしの安曇節」も、そこの住民のえがいた安曇野ではなく、移ってきた他所者《よそもの》の目に映った安曇野である。そしてそこに生まれ育った住民よりも、よそから移ってきた者のほうが、現地のものごとを新鮮な感覚でよく観るということはしばしばあることで、ここでもその冷静な客観の目がよく活きている。

「常念の見える町」では、敗戦のために陸軍士官学校から帰ってきた兄の思い出が語られる。根っからの軍人志望で、しかも妹にやさしかった兄は、祖国の敗戦を憤りつつ、肺結核が悪化し、やがて大喀血で死ぬ。

《庭の紅梅の蕾もかたく、たむけの花にもことかくさびしい葬式だった。霜どけの田圃道を、兄の棺は荷車につまれて焼場にむかった。わだちもきしむ泥道を行く惨めな若者のとむらいを、黙りこくった山脈が、あの常念岳が見おろしていた。》

心にしみる一節である。抑えて一刷毛《ひとはけ》でえがいた情景に、作者の哀しみと、それを映す山の姿が象徴的にあらわされている。

「わたしの安曇節」には、人びとから「庵主《あんじゅ》さん」とよばれている尼僧が出てくる。東京日本橋の商家生まれで乳母日傘《おんばひがさ》そだち、なんで出家したのかはわからないが、まだなまめかしさの残る四十歳を出たばかりの尼さんだった。性格は明るくて、下町娘だったお俠《きゃん》なところもあり、疎開者のめんどうをよくみ、老人たちの民謡踊りの師匠をつとめたりもする。陸士帰りの作者の兄が、肺結核で孤独な死をむかえた日、かけつけて枕経《まくらぎょう》を読んでくれたのも、この「庵主さん」だった。

《母はその夜、「清浄潔白のまま死んでいった」といってはは泣いていたが、その兄が色香も残る尼さんのねんごろな読経で送られたのはせめてのことであった。》と、哀切のなかに一点の艶《えん》を添えて、全体として心あたたまる作品になっている。

前作の「常念の見える町」といい、この「わたしの安曇節」といい、戦中・戦後の一時期における山麓の町の風俗と人情の機微を簡潔にえがいて、悲惨な世相にもかかわらず、文章は温雅なたしなみを失っていない。作者の人となりによるのだろう。

蜂谷さんの作品は、右のほかに『アルプ』に発表された山の紀行の諸篇にいくつかの佳品をくわえて、一九八三（昭和五十八）年に『常念の見える町　安曇野抄』を題名とする一書にまとめられて、実業之日本社から出版された。

＊

鷹野照代。『アルプ』には一九六九（昭和四十四）年十月の第一四〇号から終刊の三〇〇号にわたって十八篇の作品を書いた。著書はない。夫君とともに日本を離れてドイツに在住し、現在も世界をかけめぐる取材の仕事に従事している。若くして才能がありながら、紀行文の新人作家としての筆を折った感がある。

彼女はわたしとおなじ獨標登高会の会員で、いくどか一緒に山に登ったし、山を離れた日常においても深い友情の付合いがあった。その交友は、逢わないままの永い歳月をへだてていまも続いているが、ここではそうしたわたし事には立ち入らない。『アルプ』の書き手としての彼女の作品の面にだけ目をむけることにする。

一般に女性の文章は感情の流れにそのまま筆を託して、文章のメリハリがおろそかにされる場合が少なくない。手放しで感情の波に乗るだけでは文章の深味は得られないし、といって抑制を利かせすぎれば感情は生気を失ってしまい、生き活きした表現は生むことができない。これはもはや女性の場合とかぎらず文章論の一般に通じることなのだが、感情の起伏がはげしければはげしいほど、その流露と抑制の手加減はむずかしいのである。

鷹野君——わたしは彼女をそう呼んでいた——の場合も、本人が多感のひとだけに、ややもすると自分の感情にひきずられて、文章が重くなったり、うるさくなったりする傾向がなかったとはいえない。たとえば第一五〇号に載った「憧れの山」と題する苗場山の紀行などがそれで、これは感情過多の失敗作の見本のようになっている。

しかしその一方で、鷹野君は自分の気持ちを精いっぱいにえがきながら、それが文章の格調をくずさず、上質な作に仕上がっている例もある。第一八四号に所載の「風の道」がその好例で、これはすでに人が越えなくなってしまった古い峠みちをたどりながら胸に湧いてくるさまざまな想いを、おそらく筆がおもむくままに綴ったのだろうが、その心のうごきの細かい描写が文章の破綻をみせていない。あふれる想いが感傷にのめりそうな一線であやうくこらえて、やさしい抒情詩を読むような味わい深い作品になっている。(蛇足ながら付け加えると、この作には地名が出ていないが、これは長野県南佐久郡南相木村中島から千曲川の谷筋に越える臨幸峠で、わたしもいちどこの峠を越えたことがある。)『アルプ』に載った鷹野君の文章をいま読み返してみて、うまいな、とあらためて感心させられた作品がまだいくつかある。第一八三号に載った「山へ行く日」などがその一例である。主婦としての日常のあれこれを、なんとかやりくりして山支度をして出てきたのだが、後ろめたい気持ちがどうにも消えず、彼女はふんぎりのつかない気持ちをもてあましながら、とにかく奥鬼怒に行くために、東武電車の出る浅草まで来た。

どっちつかずの気持ちのまま、すぐ電車には乗る気になれず、お茶を飲もうと、隅田川を見おろすデパートの食堂に行くと、小柄な一人のおばあさんが来て、彼女の向かいの椅子にすわった。おばあさんは銀色のライターで煙草に火をつけ、下の川を眺めていると、ウェイトレスがビールを一本運んできて、それをおばあさんの前にストンと置いた。おばあさんはコップになみなみとビールをつぎ、そのコップを目のあたりまで持ちあげて、彼女に「失礼」と言った。彼女はびっくりする。午前中からこんなに堂々とビールを飲む女のひともいるのだ。おばあさんは、一日おきにこのデパートの食堂に来て、一本のビールを飲み、隅田川を眺めながら重箱弁当をたべるのが唯一の娯しみなのだと言う。読んでいて、下町の小粋なおばあさんの仕草や話しぶりの、ツボを心得たさらっとした書き方がとてもいい。

鬼怒川駅前のバスの発着所では、関西弁の中年夫婦と出会った。結婚して二十八年目の旧婚旅行で神戸から来たのだそうで、二十日間の予定で国民宿舎にばかり泊まりながら青森県の弘前まで行くのだと言う。亭主どのは気のよわそうな人で、奥さんのほうが威勢がよい。この二人の会話がまるで漫才のコンビのようで、ことに奥さんのあけっぴろげで大ざっぱな話しぶりは上方《かみがた》の気質がまるだしで、読んでいて思わず頬がゆるんでしまう。

バスには、「山ン中にいて山眺めてたって、カネにはならんでな」と言う、村のおばさんも途中から乗ってくる。温泉旅館ではタラの芽を一個十円で買いあげてくれるのだそうだ。もう一人のおばさんは「あした山へ行って、半日でタラッペの三百も採れりゃ……」と言う。

浅草のデパートの食堂で会った小粋な下町のおばあさん、あけっぴろげで愉快な上方夫婦の奥さん、山をカネ稼ぎの場所だと心得ている村のおばさん——それぞれに性質のちがう三種類の人間をえがく作者の筆はかろやかで、これらの性格鮮明な人物たちと、もやもやとふんぎりのつかない作者の心状とが、あきらかな対比をなしている。

そして、ついに鬱屈した自分のもやもやに対する腹立ちが爆発して、山に向かう、しゃんと張りつめた気持ちが目ざめてくる。

《——峠の道は、雪だろうか。樹木から落ちるみぞれのような解けた雪がポチポチと小さい穴をいっぱいあけている雪の道を、あした、わたしは往く。芽吹いた梢が五月の空を透かしている明るい林をぬけて——。》

「山へ行く日」の気持ちの揺れの明暗をえがいて、この小品はすっきりとまとまった好篇になっている。

鷹野君が『アルプ』に書いていた当時、わたしは彼女の作品をほめた記憶があまりない。なぜもっとまじめに褒めて、励ましてやらなかったのかという反省と悔いに似た気持ちが、いまわたしにはある。

*

大正・昭和生まれの主な執筆者としては、以上のほかに庄野英二、宮下啓三、西丸震哉などの諸氏がいる。そのほかにもまだ挙げなければならぬ名前がいくつもあるが、とてもそこまでは手がまわりきらない。

庄野英二氏は、串田孫一、泉靖一氏とおなじく大正四（一九一五）年に生まれている。生地は山口県萩市だが大阪で育ち、大阪府の帝塚山学院の学長をつとめた教育者であるが、名作『星の牧場』をはじめとする童話作家としての名が高い。『アルプ』には、第七六号の「日光魚止小屋」、一一五号の「焼岳の月見」など、山に棲む動物たちを主人公にしたユーモアと幻想を加味したメルヘンを書き、また外国の旅行記や随筆を自在な筆で綴った。『アルプ』に発表した作品は四十篇を超え、著書も数多いが、創文社刊のものとしては『レニングラードの雀』、『ユングフラウの月』、『白い帆船』、『キナバルの雪』、『鹿の結婚式』、『スキーナ河の柳』の六冊がある。

その後、木曾御嶽のふもとの開田高原に山荘を建て、馬に乗ったりして悠々自適の自然生活をエンジョイされていると聞いていたが、一九九三（平成五）年に亡くなったということを、うかつにもわたしは最近になって知った。

宮下啓三氏は、一九三六（昭和十一）年東京生まれで、慶応大学文学部助教授（その後、同大学名誉教授）。専門はドイツ文学だが、スイス文化史、演劇にも造詣がふかい。

宮下氏の『アルプ』初登場は、第一三一号の「アルプスを書く」という論考的なエッセーで、「文学がアルプスを見出した頃」という副題がついている。中世が終わってルネサンスの合理主義の時代をむかえても、峨々としたアルプスの風景は、人間たちの目に美観としては映らなかった。岩と氷河の無秩序で不均整な山の世界は、秩序と均整を重んじる古典主義的見方からすれば嫌悪と恐怖の対象でしかなく、悪霊と竜の棲む異境とみなされていた。それが時代が移るにつれてようやく徐々に詩や文章にうたわれて、人間の審美的な情感に受け入れられるようになる。

文学史ではほとんど見過ごしにされてきたこの空白の時代に視点をさだめて、実証的に詩文を紹介しつつ精密な考察をおこなったのがこのエッセーである。副題に「文学がアルプスを見出した頃」とあるように、これは「アルプス文学」の序曲といえる論考で、第一三一号から一三二号、一三三号と続いた。論考といっても学術論文的な固さはなく、作者の宮下氏がスイス体験のゆたかな人だけに、専門的な叙述ながらアルプスへの親愛にみちたふくよかな文章になっている。

その後、宮下氏は第二六五号の「山で死んだオフィーリア」、二七六号の「冬とは幽霊の季節」、二八四号の「アルプスの失楽園」など、自分の山での体験と文学を結びつけた好エッセーを幾篇か発表した。が、そうした年期の入った学才を芯にした文だけでなく、山と人にまつわる逸話めいた体験談なども、のびやかな筆で綴っている。

専門的著書は数多いが、山にかんする著作としては、一九九七(平成九)年みすず書房から出た『日本アルプス　見立ての文化史』がある。この国の飛驒山脈、木曾山脈、赤石山脈という名称がすたれて、「日本アルプス」と総称され、それぞれが北アルプス、中央アルプス、南アルプスと呼ばれるようになったいきさつを詳述して、日本人が西洋文化をとり入れる心情のありようを考察した、異色の精神史になっている。

さて、ここでおわりに西丸震哉氏に登場してもらわなければならないのだが、じつはこの人のことを説明するのは、たいへんにむずかしい。社会的な肩書は「食生態学者」ということになっているらしいが、そんな改まった肩書で括《くく》れるような人物ではない。その好奇心と才能と実行力の旺盛さにおいて、この人を超える者はまずいないだろうと思われる。そういう人物の業績を要約するのは、わたしには手にあまることで、さいわい氏の著書の一冊に適当な著者紹介が載っているので、それをそのままここに借用する。

《一九二三年東京都生まれ。東京水産大学を卒業後、農林省に入省、食品総合研究所官能検査室長を経て、一九八〇年自主退官。「食」を中心とした人間の生きざまを歴史的かつ科学的に解明する「食生態学」を確立し、現在、食生態学研究所所長として現代社会の異常性に警鐘を鳴らしている。科学、医学、生理学、動物、天文、食糧、政治、社会、探検など、あらゆるジャンルに通暁する。一方、アーチスト的な資質も兼ね備え、作詞・作曲や絵画も手がける、名高い多才ぶりである。仕事柄、アラスカ、南極、奥アマゾン、インド奥地、ニューギニアなど世界各地の秘境を踏査した。過去から現在、そして未来に至る人類史を、時間と空間の両軸から見据えることのできる著者ならではの、「命」の量の意味を考察したものが本書である。》

これを読んだだけでも、西丸震哉という人物が桁外れのスケールの人間であることがわかる。ちなみに、この文末の「本書」とは情報センター出版局刊行の『41歳寿命説』という本で、「死神が快楽社会を抱きしめ出した」という恐ろしい副題がついている。日本が先進工業国の仲間入りをすべくGNP増大の目標にむかって暴走しはじめた昭和三十四（一九五九）年以後に生まれた日本人は、食糧不足から解放されて過剰な飽食の結果、その平均寿命は四十一歳に低下するだろう、と予告する警世の書である。昭和三十四年後に生まれた日本人でこの本を読んだ者は、短命の未来を予測して暗然とせざるをえないだろう。（ちなみにこの本は新聞や週刊誌で紹介されて、初版発行の一九九〇年八月から二ヵ月後の同年十月までに二十一刷を出すほどのベストセラーになった。）

『アルプ』では、しかし西丸氏は右のような大まじめな論述ではなく、もっとくだけた調子で山での経験談をいろいろと書いている。この人は人並みはずれた経験の持主だから、扱う主題も多岐にわたっている。お化けや魑魅魍魎《ちみもうりょう》の消息にも詳しいし、ニューギニア奥地の原始食人部落の住民とも交渉がふかい（一五七号「原始人への仲間入り」）。食物学者だから当然のことだろうが、食料摂取の結果である排泄物についても、まことにうれしそうな表情でスカトロジーのウン蓄を傾けている。

『アルプ』終刊号に寄せた「わたしの一生のプラン」を読めば、探検家としての西丸震哉の夢が地球規模の壮大なものであることを知らされるだろう。博学と多才のことをふくめて、わたしにはこの人のことを〝あきれた探究者〟、もしくは〝好奇心旺盛の遊び人〟としか言いようがない。

第十章　紀行文における虚と実

尾崎喜八さんが信州富士見での戦後の移住生活を切りあげて東京に戻ったのは、『アルプ』創刊の六年まえ、一九五二（昭和二十七）年のことである。住まいは娘の榮子さん夫婦が養鶏場をいとなむ上野毛《かみのげ》だったから、山手線目黒駅の近くに住むわたしは伺うのに都合がよかった。目蒲線を使って大岡山で大井町線に乗り換えれば、目黒駅から上野毛駅まで三十分ほどで行けたのである。そういうわけで、わたしはなにかと尾崎家を訪問することが多く、ことに『アルプ』が創刊されてからは、そのことで伺う機会がふえた。

尾崎さんは『アルプ』の顧問格としての立場を自覚してのことだろう、毎号の作品をきちんと読んでいて、伺えば正直な感想をわたしに語ってくれた。ほめる作品もあれば、きびしい評価をくだす文章もあった。ことに『アルプ』の号が進むにつれて、常連クラスといっていい古手の執筆者の気軽な持込み原稿が目につくようになると、「××君の文章は会社の社内報に書くような安易な気持ちで書いている」と、手きびしく批評することもあった。大洞編集長は常連の持込み原稿をボツにするには人がよすぎたから、そうやって溜まった原稿――すくなくとも締切りに手を焼かされるおそれのない原稿――を、増ページの特別号にふくめたりして処理することにわたしは不満だった。

不満だったが、わたしは四人の編集委員の一人にすぎないので四分の一以上の意見の表示はなるべく控えるようにしていたから、直接その不満を大洞さんにぶつけることはなかった。ただ、なにかのおりに「毒にも薬にもならない文章を載せるのは大反対。」という文句を、大洞さんへのはがきの余白に書いた記憶がある。

尾崎さんの書斎での会話は、雑談めいた話もしたけれども、富士見での療養所の恢復期の患者がかよった〝尾崎学院〟のなごりのように、文学のまじめな話題におよぶことが多かった。『アルプ』に掲載された作品のことで、とくにいまでも正確に憶えていることがある。

第四号に、串田さんの「カタズミ岩KⅢ」という文章が載った。串田さんが息子とM君の三人で谷川岳の堅炭岩を登ったときの紀行である。その文中に、

《M君は下唇をかむ癖のある男である。》

という記述が、さりげなく挿入されている。それについて、尾崎さんはこうわたしに語った。

「M君というのは三宅君のことだね。それはまあ、だれでもいいことだけれども、ここでわざわざかれは〝下唇をかむ癖のある男〟だとことわったのなら、登攀を終えた岩の

頂上でもういちどかれに唇をかませるべきなのだよ」

つまり実際にはそうでなかったとしても、ここで書いたM君の癖を伏線として活用しなければ、それが文章のうえで充分な効果を発揮しないということなのである。

尾崎さんがその見解を直接串田さんに話したら、どんな反応が示されるかわたしにはたいそう興味のあることだったが、このことは尾崎さんの文章の性質を考えるうえでのヒントになると同時に、紀行文でどこまで虚構が許されるか、という問題をあらためてわたしに考えさせることにもなった。

一般に紀行文は体験した事実をそのまま綴るものだと思われがちだが、それはそう単純なことではない。ひとつの旅なり山行なりを紀行文にする場合、全体からなにを削り、なにを書くかで、すでに取捨選択の事後処理がほどこされる。ことにその紀行文を文学的な〝作品〟として造形を試みようとすれば、どこを強調し、どこを簡略にするかといった点でも、文章に作意的な調整がおこなわれる。つまり高度な表現をもくろむ場合は体験そのものはあくまで素材でしかなく、それを調整し再構成した文章は、もはや事実そのままではありえない。

このことは、〝感動〟という体験を言語化する場合を考えれば、いっそうよく理解できるにちがいない。ある物事にほんとうに感動したら、それはその場では言葉にならない、いわゆる「なんとも言えない」、「言うに言われぬ」、「言語に絶する」性質のものだから、そう書く以外あとでそれを言葉に直した文章は、もはやそのときの感動そのものでないことは明らかである。

その言語以前の原体験をいかにして言葉で表現できるか、それが文章制作の〝芸〟というものであり、それには「虚」の介入が不可欠であることはいうまでもない。

＊

以上のことを断ったうえで、さらにすすんで紀行文における「虚」と「実」の問題を、実例に即して考えてみたい。

太宰治に「富嶽百景」という作品がある。小説を書くために、甲州御坂峠の天下茶屋という茶店に滞在したときの出来事を書き綴ったもので、かれの多くの作品のなかでも秀作のひとつにかぞえられる。この茶店の二階に師匠の井伏鱒二がこもって仕事をしており、太宰治はそれを知ってやって来て、師匠の許しを得てこの茶店に落ち着くことになるのだが、二人で三ッ峠にのぼったときのことが文中に出てくる。すこし長くなるが、その時の情況を充分に理解してもらうために、名作鑑賞の意味もふくめてそこの全部分を抜粋してみる。

《わたしが、その峠の茶屋へ来て二、三日経つて、井伏氏の仕事も一段落ついて、或る晴れた午後、わたしたちは三ツ峠へのぼつた。三ツ峠、海抜千七百米《メエトル》。御坂峠より、少し高い。急坂を這ふやうにしてよぢ登り、一時間ほどにして三ツ峠頂上に達する。蔦《つた》かづら掻きわけて、細い山路、這ふやうにしてよぢ登るわたしの姿は、決して見よいものではなかつた。井伏氏は、ちやんと登山服着て居られて、軽快の姿であつたが、わたしには登山服の持ち合せがなく、ドテラ姿であつた。茶屋のドテラは短く、わたしの毛臑《けずね》は、一尺以上も露出して、しかもそれに茶屋の老爺《ろうや》から借りたゴム底の地下足袋をはいたので、われながらむさ苦しく、少し工夫して、角帯をしめ、茶店の壁にかかつてゐた古い麦藁帽《むぎわらぼう》をかぶつてみたのであるが、いよいよ変で、井伏氏は、人のなりふりを決して軽蔑しない人であるが、このときだけは流石《さすが》に少し、気の毒さうな顔をして、男は、しかし、身なりなんか気にしないはうがいい、と小声で呟いてわたしをいたはつてくれたのを、わたしは忘れない。とかくして頂上についたのであるが、急に濃い霧が吹き流れて来て、頂上のパノラマ台といふ、断崖の縁《へり》に立つてみても、いつかうに眺望がきかない。何も見えない。井伏氏は、濃い霧の底、岩に腰をおろし、ゆつくり煙草を吸ひながら、放屁なされた。いかにも、つまらなさうであつた。パノラマ台には、茶店が三軒ならんで立つてゐる。そのうちの一軒、老爺と老婆と二人きりで経営してゐるじみな一軒を選んで、そこで熱い茶を呑んだ。茶店の老婆は気の毒がり、ほんたうに生憎《あいにく》の霧で、もう少し経つたら霧もはれると思ひますが、富士は、ほんのすぐそこに、くつきり見えます、と言ひ、茶店の奥から富士の大きい写真を持ち出し、崖の端に立つてその写真を両手で高く掲示して、ちやうどこの辺に、このとほりに、こんなに大きく、こんなにはつきり、このとほりに見えます、と懸命に註釈するのである。わたしたちは、番茶をすすりながら、その富士を眺めて、笑つた。いい富士を見た。霧の深いのを、残念にも思はなかつた。》

この「いい富士を見た」の一句は、この部分の文章の締めとしてみごとに効いているが、ここでの問題はそのことではない。この文中の「井伏氏の放屁」の件について、当の井伏鱒二本人が「亡友」という太宰治の思い出を綴った文のなかで以下のように抗弁しているのである。これもやや長くなるが、真相究明のため、それにふれた部分は文章を端折《はしょ》るわけにはゆかない。

《太宰治の「富嶽百景」といふ作品のなかに、わたしといつしよに三ツ峠にのぼつたときのことを書いてある。三ツ峠の頂上で、わたしが浮かぬ顔をしながら放屁したといふのである。これは読物としては風情ありげなことかもしれないが、事実無根である。ところがこの放屁の件について、当時は未知の仲であつた新内節の竹下康久といふ人から手紙が来た。「自分は貴下が実際に三ツ峠の嶺に於て放屁されたとは思はない。自分の友人もまたさう云つてゐる。自分は太宰氏の読者として、また貴下の読者として、貴下が太宰氏に厳重取消しを要求されるやうに切望する。」さういふ手紙であつた。

をりから訪ねて来た太宰にわたしはこの手紙を見せた。

「どうだね。よその人でも、僕が放屁しなかつたことを知つてるぢやないか。こんな行きとどいた手紙を書く人は、きつと物ごとに綿密なんだね。理解ある人物とはこの人のことだね。」

「知音《ちいん》の友ですかね。でも、あのとき、たしかに僕の耳にきこえました。僕が嘘なんか書く筈ないぢやありませんか。たしかに放屁しました。」

太宰は腹を抱へる恰好で大笑ひをした。しかも、わざと敬語をつかつて「たしかに、放屁なさいました」と言つた。話をユーモラスに加工して見せるために使ふ敬語である。「たしかになさいましたね。いや、一つだけでなくて、二つなさいました。微《かす》かになさいました。あのとき、山小屋の髯《ひげ》のぢいさんも、くすッと笑ひました。」

さういふ出まかせを云つて、また大笑ひをした。「わッは、わッは……」と笑ふのである。三ツ峠の髯のぢいさんは当時八十何歳で耳が聾《つんぼ》であつた。その耳に、微かな屁の音などきこえるわけがない。しかしかれが極力自説を主張してみせるので、わたしは自分でも放屁したかもしれないと錯覚を起しだした。自分では否定しながらも、ときには実際に放屁したと思ふやうにさへなつた。》

井伏鱒二本人が断固として「事実無根である」と主張しているのだから、この「放屁」の件はフィクションの疑いが濃い。しかし、それが事実ではないにしても、これは霧に包まれて眺望のきかない山の上で、いかにもつまらなそうにしている男の様子を、端的に表現している。たった「放屁なされた」というそれだけのことだが、この一句のもたらす文章上の効果は小さくない。作者はまさに〝虚実皮膜〟の間《かん》に遊んでいるというべきか。

それにしても、わたしには太宰の文よりも井伏の文のほうが、どうもくさいような気がする。たった山の上で屁をたれたぐらいのことに読者が大まじめな手紙をよこしたりするのは、考えてみればおかしいし、手紙の差出し人をもっともらしく「新内節の竹下康久といふ人」などと断っているのも、なにやら怪しい。それにだいたい、この手紙の文体じたいが井伏鱒二調なのである。

たかが「放屁」ぐらいのことに、むきになって抗弁して、そこに飄逸《ひょういつ》なユーモアの味を醸《かも》し出すのはいかにも井伏流だが、わたしはここにも〝芸〟に遊ぶ、したたかな作家根性を見るような気がしてならない。わたしの深読みであろうか。

*

太宰治の「富嶽百景」は御坂峠の滞在記で、厳密には紀行文とはいえないのかもしれないが、紀行文の代表的古典といえば、まず芭蕉の『奥の細道』であることに大方の異存はあるまい。江戸から奥羽をまわって日本海づたいに海沿いをたどり、美濃大垣まで数百里。その大行脚を録したこの俳文紀行は随所に「虚」が仕掛けられ、さながら「虚」の扱い方の手本といった感がある。

それは、この旅に同行した曽良の『随行日記』と読みくらべれば明らかなことで、こ

こでわたしが逐一《ちくいち》その例をあげるまでのこともあるまい。ここでは、よく知られた、

荒海や佐渡に横たふ天河《あまのがわ》

の句と、それに続く市振《いちぶ》りで詠んだ、

一家《ひとつや》に遊女もねたり萩と月

の二つだけをとりあげて、その虚実の相をながめてみたい。

「荒海や」の句は、越後の出雲崎で詠んだもので、日本海の荒波の上、佐渡に懸かる銀河の雄渾《ゆうこん》な景をイメージするのが一般的だが、じつは出雲崎から眺める天の川は別の方向にながれていて、佐渡には横たわらないのである。つまりこの句は嘱目《しよくもく》の実景ではなくて、詩人芭蕉が、荒海に浮かぶ佐渡と夜空に懸かる天の川の二つの景象を合成して創りあげた心象風景だということになる。そしてそれは事実ではないにしても、《写生を超えた詩的真実と言うべきである。》（山本健吉『芭蕉』）として、評家の多くはその虚構

性を積極的に認めているのである。
市振での「一家《ひとつや》」の句も、虚構の疑いがはなはだ濃い。そのくだりの句文を、煩を厭《いと》わずに引いてみよう。

《今日《けふ》は、親しらず、子しらず、犬もどり、駒返しなど云《いふ》、北国《ほつこく》一の難所《なんじよ》を越《こえ》てつかれ侍《はべ》れば、枕引《ひき》よせて寐《いね》たるに、一間《ひとま》隔《へだて》て面《おもて》の方《かた》に、若き女の声二人斗《ばかり》ときこゆ。年老《おい》たるお《を》のこの声も交《まじ》りて物語するをきけば、越後の国新潟《にひがた》と云《いふ》所の遊女成《なり》し。伊勢参宮するとて、此《この》関までお《を》のこの送りて、あすは古郷《ふるさと》にかへす文《ふみ》したゝめて、はかなき言伝《ことづて》などしやる也。白浪《しらなみ》のよする汀《なぎさ》に身をはふらかし、あまのこの世をあさましう下りて、定めなき契《ちぎり》、日々の業因《ごふいん》、いかにつたなし、と物云《いふ》をきく〳〵寐入《ねいり》て、あした旅立《たびだつ》に、我〳〵にむかひて、行衛《ゆくえ》しらぬ旅路のうさ、あまり覚束《おぼつか》なう悲しく侍れば、見えがくれにも御跡《おんあと》をしたひ侍《はべら》ん。衣の上の御情《おんなさけ》に大慈《だいじ》のめぐみをたれて結縁《けちえん》させ給へ、と泪を落す。不便《ふびん》の事には侍れども、我〳〵は所々《ところどころ》にてとゞまる方《かた》おほし。只《ただ》人の行《ゆく》にまかせて行《ゆく》べし。神明《しんめい》の加護かならず恙《つつが》なかるべし、と云捨《いひすて》て出《いで》つゝ、哀《あはれ》さしばらくやまざりけらし。

一家《ひとつや》に遊女もねたり萩と月

曽良にかたれば、書《かき》とゞめ侍る。》

この市振の関でのくだりは、『細道』の紀行中でもとりわけ物語性に富んださわりの部分なのだが、奇妙なことに、本文の記述にもかかわらず曽良の『俳諧書留』にこの「一家」の句は記録されていない。のみならず『随行日記』にも、市振での遊女との邂逅のことはなにも書いてないのである。

こうしたことから、この市振のくだりは仮構だろうと疑う見方が少なくない。ただそれについて、越後路の途上で芭蕉は田舎わたらいの遊女と行き遇ったらしいと考えられることから、それが根拠となってこの句が成ったのだとする見方もあるのだが、だからといって、これがフィクションではないと主張できるものではない。

おそらく十中八九、この市振のくだりはフィクションであろう。連衆《れんじゅう》とともに付け付けられることで吟席での仮構の展開に工夫をこらす俳諧師の紀行が、たんに旅先で経験した事実の叙述だけで済まされるとは、とても考えられない。『奥の細道』の構成が芭蕉の独吟による連句仕立てだとする評家の説（安東次男『芭蕉奥の細道』）もあるわけだが、たとえそのようなはこびと見なくとも、神祇釈教、名所旧跡、歌枕などにまじえて艶《つや》やかな恋の座を設けて紀行に変化をもたせたくなるのは、ごく自然な詩心の工夫だともいえよう。市振での吟は直接に恋そのものを咏んでいるわけではないが、艶《えん》なる遊女との巡りあいが、ほのかに恋の仕立てを匂わせている。

同行をねがう遊女を振りすてて立ち去ることで会者定離《えしゃじょうり》の無常観をにじませ、庭前の萩にそれとなく遊女の俤《おもかげ》をかさねて、月（真如《しんにょ》）にひそかに僧形《そうぎょう》のおのれを仮託した手練《てだれ》のわざは、およそ凡手のよくするところではあるまい。象潟《きさかた》の雨とねぶの花に咏まれた美女の愁い顔とともに、この市振の場の一挿話は『細道』の旅に優艶と哀傷の趣を添えて、詩情を深めていることは確かであろう。

だがあえていえば、この市振のくだりは、事実とみるにはあまりにうまくできすぎているのである。

＊

さて、これまでの文例では「虚」の効用ということで、いちおうそれをやや肯定的にながめてきたわけだが、だからといって紀行文における「虚」の混用をわたしが無条件に認めているわけではけっしてない。「実」を本分とする紀行文では、フィクションはルール違反だとする原則は、あくまでも尊重されなければならない。紀行文というものは作者の体験談として読まれるのが常識であり、それをフィクションで加工することは読者を騙《だま》すことにほかならない。ただ、前例でみたように、ある場合には（『奥の細道』のような極端な例は格別の例外として）いささかの「虚」の混入はゆるされることもあるだろうということだ。「実」を強調するための「虚」だといってもよい。

紀行文をたんなる事実の叙述ではなく、鑑賞に値する〝作品〟として仕上げようとすると、往々にして〝その場に都合のよい状態〟にものごとを整えたい気持ちが起きてくる。この誘惑をわたしも知らぬではない。しかし、主要なことがらを曲げてまでその誘惑に屈することはゆるされない。その意味で、〝作品〟としての紀行文の制作には、ときに一種禁欲的な自制心が必要になるのである。

尾崎さんが「虚」の活用を串田さんの作品を例にしてわたしに説いたことはさきにふれたが、その尾崎さんの「虚」がプラスとしてはたらかず、マイナスのほうに傾いた例がある。これまで「虚」の肯定的な側面ばかり見てきたようなので、その否定的な使用例についても目をつぶるわけにはゆかない。

尾崎さんの『山の絵本』は、山岳文学にそれまでにない清新な一分野を拓《ひら》いた画期的名著だが、その巻頭に、これも名作の名が高い「たてしなの歌」が載っている。尾崎喜八の代表的紀行文といってよいが、交響詩の楽章のようにさまざまな標題を思いつかせるいくつかの章話のなかに「牧人」とでも名づけたい一章があり、そこに蓼科牧場の主任の「伊藤氏」という人が出てくる。尾崎は義弟とともに蓼科山から下ってきて、この牧場に泊めてもらい、そこでこの人と出会うのである。人里に遠いこんな高原でくらしていて淋しくはないかと尾崎に訊かれて、牛や馬ばかりを相手にくらしていると知らず識らずのうちに自然の賑やかさや豊かさといったものに眼がひらかれて、本当の淋しさや単調さはかえって町の生活にあるような気がする、と答えるような純朴な人である。

その伊藤氏とそんな話をかわしていると、尾崎の脳裏に《昔まだ若い頃、鷗外さんの翻訳で幾度読んでも飽きなかった「冬の王」という物語》のことがよみがえる。物語の筋を要約したその尾崎喜八の文を、そのままここに写す。

《北欧の海岸避暑地に一人の労働者がいる。夏の盛りには避暑客のために色々とつまらぬ雑用をやっている。その男に一人の詩人が心を惹かれる。というのは、どうもその男の犯し難い威厳を持った風貌やすることの一々が、尋常一様の労働者のそれとは違っているのである。詩人はかれの人柄に床しさを感じて、どうかして近附きになろうとして機会を待っている。しかしその男には人を避ける風が見える。頼まれた仕事は気持のいいほど正確に迅速に果たすが、人をして狎《な》れ親しむ機会は与えない。やがて北欧の夏が逝く。季節を過ぎた寂寞の時が来る。遂に或る夜、詩人は砂丘の上のその男の小屋を訪れる。男はいくらか困惑するが、悪びれるところもなく不意の客を室へ通す。一目で室内の光景を見た詩人の心に深い驚歎の情と敬意とが生れる。その狭い部屋はあたかも哲人の隠栖《いんせい》である。無数の蔵書が棚を満たしている。書物は古典、宗教哲学および自然科学に関する物が大部分である。片隅には天体望遠鏡も据えてある。ランプの輝く頑丈な卓の上には、今まで何か書いていたらしく、大きなずっしりと厚い帳面が両腕をひろげたように開いている。しかも主客が対座している部屋の一隅には、一羽の大鴉がじっと漆黒の翼を収めて棲《と》まっている。時が経つ。男はこれから水泳に行くのだという。詩人は暇《いとま》を告げながら、ふと鴨居を見上げる。其処《そこ》には、この男の余儀なく持った暗い過去を物語る荊棘《いばら》の模様で囲まれた公文書が額に入れて吊してある。詩人は感動する。男は別れて海へ下りて行く。そして逞しい腕に波を切って深夜の海へ出て行くその姿が、まるで北海の冬の王のようである……》

この尾崎の文では「男」を訪ねるのは「詩人」であり、三人称代名詞のかわりに何度もこの「詩人」が使われている。しかし森鷗外が訳したこの「冬の王」の作者はハンス・ラントといい、鷗外訳では「己《おれ》」という一人称でこの男との出会いのことを語るのだが、「己」は、はっきり「小説家」ということになっている。尾崎の文でそれが「詩人」になっているのは、あきらかに意図的な改変であり、自分と牧場主任との出会いを、いくらかでも自分が若き日に愛読し感銘をうけた物語になぞらえたいという気持ちが、そこにはたらいたからではないのか。この話のあとで、尾崎は《そしてもちろんわたし自身、わが牧場主任をこの物語の主人公に擬する考えは毫末も持っていない》と断っているが、もしそれならば、わざわざこの物語を紀行文のなかに挿入する意味がないし、文中の「小説家」を「詩人」に変える必要もなくなってくる。原作者のあきらかな作品であるだけに、この改竄《かいざん》は名品の瑕瑾《かきん》のようにわたしには思えるのである。

尾崎の筆になるこの物語の概要はまた、その結びが、さきにみたように「逞しい腕に波を切って深夜の海に出て行くその姿が、まるで北海の冬の王のようである……」と劇的なシーンの描出になっているが、鷗外訳の原文のその部分は、

《暫《しばら》くしてから海面の薄明りの中で己はエルリング（男の名）の頭が浮び出て又沈んだのを見た。海水は鈍い銀色の光を放つてゐる。》

と、写実的な描写でおわっている。尾崎のは原文とまるで違うではないかといわれる

かもしれないが、これはかれの詩的想像力が原文の情況を充分に咀嚼《そしやく》したうえで、それを感動的に再現しているのだともいえよう。文中の「詩人」はここで書き手の詩人そのものになったのである。

＊

　ここまでは「虚」と「実」を対立する概念として扱ってきたのだが、その境目《さかいめ》のはっきりしないのが、串田孫一氏の文章である。山や谷や村などの名称が明示された文章は別として、そうでない紀行文的作品やエッセーは、どこまでがほんとうで、どこまでが作り事なのか、わたしには判然としない文章にお目にかかることが、しばしばある。

　たとえば『アルプ』六九号は「峠」の特集で、この号に串田さんは「花嫁が越した峠」という紀行文を書いている。その峠がどこの峠だか名前は出てこない。日暮れの山で道に迷って藪《やぶ》に苦労したことだの、夜中にたどり着いた小部落の粗末な宿屋で硝子戸を叩くと、遠くで犬がなき、その声で隣の農家の犬が真剣に吠え出したことだの、宿のおかみさんが愛想もなく、寒いね、と言って入れてくれたことだの、翌日の朝七時を過ぎたころには裏手の井戸端で瀬戸引きの金盥《かなだらい》で顔を洗ったことだの、朝食に味噌汁と卵が二つついていたことだの、その他いろいろと細かいことが具体的に書かれていて、それから、この晩秋の山旅の最後の一日に、もう一つ峠を越して帰ろうという気持ちがうごいて、それが宿のおかみさんが話してくれた〝花嫁が越した峠〟ということになるのだが、この花嫁越えの峠の紀行文を事実ではないと疑う人は、まずいないであろう。

すでに述べたように、一人称で書かれた山の文章は、紀行であれ随筆であれ、それはほんとうのことだと信じて読まれるのが通例になっている。嘘《うそ》のまじった文章は、こしらえ物の不自然や、ごまかしが、読む人が読めばわかってしまう。この花嫁越えの峠の紀行は、作者の体験記としての現実感《リアリティ》に不足はないし、不自然さやごまかしの跡はすこしも見られない。読者はその記述にそのまま感情移入して、作者の見たものを見、感じたことを感じさえすればいい。

だが……と、わたしはすこし意地悪く考える。この文章は、もしかすると串田さんの〝創作〟ではないのかと。断定はしないが、わたしにはどうもそんな気持ちが拭いきれない。〝創作〟であるのに「虚」の仮構性を微塵も感じさせないのは、具体的に書かれたことがらの一つひとつが、どれもかつての山での作者の実体験に裏打ちされているからではあるまいか。そしてそれ以上にものを言っているのは、作者串田孫一の柔軟でゆたかな想像力であろう。この串田孫一氏の非凡な才能の秘密については、頭の固いわたしなどの推理のとうてい及ぶところではない。だがかれの作品の多くが、自分の体験をいかに有効に活かし、それをいかに巧みに想像で潤色しているかを考えれば、それは紀行や随想に形をかりた一種の〝創作〟であり、だとすれば、それぞれの作品における「虚」と「実」の合成度など、考えてもおよそ意味のないものになってしまう。

この花嫁越えの峠の文章は、それが発表された『アルプ』六九号の本文の題名は「花嫁が越した峠」になっているが、おかしなことに同号の目次には「花嫁の越えた峠」と出ている。この作品は串田さんのお気に入りらしく、いくつかの自著に収められ、この題名が本のタイトルに使われたものもあるが、そのいずれもが「花嫁の越えた峠」となっている。

串田さんは、自撰の随想集『光と翳の領域』(講談社文庫)の「覚書」で、収録作品の簡単な註解を行なっており、そのなかで《「花嫁の越えた峠」には正式の名前もあるが、書きたくない。今も越える人は少ないようである。》と書いている。作者の自註に疑問をはさむのは不遜のそしりをまぬがれまいが、「書きたくない」理由が不明なので、わたしにはどうもことばどおりにすなおには受けとれない。

串田孫一の絵と断想で構成された『雲・岩・太陽』(講談社)には、次のようなことばがある。

《紀行文は、机に向って綴られる。紀行文も他の文章同様に合成される。或る詩的に纏《まと》められた紀行文を読んで、この作者はこんなに詩的な歩き方をしていると感心する素直さは、作者の願うところではあるが、その文章がどういう合成の仕方で綴られているかを見抜く意地悪さも失ってはならない。》

わたしには、ここでの「作者」は串田孫一氏じしんのことであり、これは読者への助言とみせながら、じつは自作についてのいささか開き直った告白とも読める。文中の「合成」が「虚」の混入を意味していることは、いうまでもあるまい。

かつては花嫁の越える峠など、めずらしい存在ではなかった。峠のむこう側の村に嫁入りするには、当然のこととして、そこを隔てている峠を自分の脚で、ときには馬の背に揺られたりして越えなくてはならなかった。現在のように自動車みちが峠を越え、あるいは峠の下をトンネルが貫通するような時代になってからこの風習は廃《すた》れたが、それ以前は、さまざまな事情から人びとは峠みちをたどった。峠のむこうの村から嫁に来て、時どきその長い峠みちを歩いて実家の親に小遣いをせびりに行くという屈託のない山の宿のおかみさんの話を、わたしも榾火《ほたび》の燃える囲炉裏の端で聴かされたことがある。

串田さんは、そんな峠のひとつを題材にして、それを懐旧的《ノスタルジック》な空想で膨らませて、この作品を書いたのではあるまいか。わたしには、どうもそんな気がする。だが、そこにはあくまで作者の山旅の実体験が基《もと》になっていることを考えれば、それは〝創作〟などとよぶよりも、〝虚実相即〟とでもいったほうが適切であるのかもしれない。

そのことは、この花嫁越えの峠の文章についてだけでなく、串田さんの作品の多くについてもいえることだと思う。


――と、右まで書いてしばらく経ったころ、串田孫一の年譜に詳しい杉本賢治氏から、この峠は想像上の存在ではなく、奥秩父山塊の南麓の谷間の黒平《くろべら》と塩平《しおべら》を結ぶ黒平峠だと教えられ、杉本氏から連絡のあった串田さんの次男の光弘君が、わたしの所持しない串田孫一著『ひとり旅』（日本交通公社刊）を送ってくださった。この本は見開きごとに、串田さんが現地で書いたと思われるスケッチとそれにかかわる短文が収められ、「黒平峠」と題が明記された部分には次の文章が添えられている。

《花嫁の越えた峠とはここである。峠と言っても、ぐんと登ってぐんぐん下るところ

ではなく、広い草原である。（一九五九年十二月二日）》

この峠が実在の峠であることがわかった以上、わたしの文章は書き改めねばならないが、串田さんの文章一般についての私見はそう的外れではないと思うので、文中の「この文章は、もしかすると串田さんの〝創作〟ではないのか」を誤見として取り消し、この誤見にもとづくわたしの見解の部分も訂正して読んでくださるようお願いするのを許していただきたい。――恥さらしを承知のうえで。

なお、「黒平峠」の串田さんの文章の次には次の詩が添えられている。

上りに三里
下りに三里のこの峠を
花嫁は
老いた母に連れられて越えた
水楢の梢で
頬白が啼いていた
たくしあげた着物の裾から

わらじの足が白かった
かつて峠を越えた花嫁は
今は谷間の村の村はずれ
水車のまわる流れのわきで
孫を相手の
金褐色のおばあさんだ

＊

紀行文における虚実についてのこの章の主題からはずれることになるが、ことのついでに串田孫一氏についてなお若干のことを、ここで書いておきたい。

串田さんの手書きの原稿はきれいだった。消しや、行間または欄外の書き込みなどはほとんどなく、字もきちんと品よく整っていて、それは下書きを清書したとさえ思えるほどだったが、串田さんは下書きをせずに、じかに原稿用紙にペンを運ぶのが習慣であったようだ。なにしろこの人は、哲学書、随想集、博物誌、人生論、山や旅の紀行、さらに小説や詩集など、生涯にゆうに三百冊を超える著作をものした人なのである。手を入れた下書きをしたうえでそれを清書するという二重手間をかけていては、とてもそれだけの量の作品を産みだすことは不可能だったろう。そしてそれほどの多産の人でありながら、原稿の字にすこしの乱れもなく、端正で香り高い作品を書きつづけたこの人の才能は驚嘆のほかかない。

いつかの年の末ちかいころだったと思う、何の話のはずみでか、串田さんが「ぼくは、ことしは原稿用紙を三枚ムダにしたな」と、真顔でわたしに語ったことがある。

それが番町の創文社での編集会議のかえりで、市ヶ谷か四ッ谷で乗った中央線の電車の中での立ち話だったことを、いまでもよく憶えているのは、その時の串田さんのことばが、わたしにとってあまりに衝撃的であったからである。あのきれいに整った多量の文章の制作が一年でたった三枚の原稿用紙をむだにするだけで可能だとは!

串田さんの、わたしには神わざとしか思えない才腕については、三宅君がわたしに語った証言がある。三宅君がひとりで『アルプ』の編集を担当していた時期、依頼した原稿がみんな揃ってから、串田さんに「あと何ページあいています」と電話で伝えることが多かったのだが、そうすると、かならず一日か二日後には、きっちりそれに見合った枚数の原稿が届けられたという。

なにしろ、依頼原稿のいくつかは締切り日が過ぎても容易に集まらず、やっとどうにかそれが揃うのは印刷所への入稿期限まぎわになるのは毎度のことだったというから、串田さんにはぎりぎりの日数しか残されていない。にもかかわらず、「あしたまでに……」などというきわどい連絡にも気軽に応じて、その空きページを埋める文章をきっちりと正確に仕上げる筆のわざは、まず串田さん以外には考えられない。

なお、誤解をふせぐために補足すれば、串田さんはなにも『アルプ』に穴埋め用の原稿ばかり書かされたわけではない。みずからすすんで書いた作品をまえもって届けることもあって、そういうときには三宅君が急遽、空きページぶんの原稿を書いたり、あるいは手持ちの大谷一良のカットを使ったりして適当にスペースを調整したという。

ところで、ここでまたもやついでながら突然ガタンと脱線して、これまでの〝文〟の主題からはずれて、串田孫一氏をかこむ人間的風景のことに話柄《わへい》を変えたい。

大谷一良君が結婚のために新築した八王子の自宅で、フランスの「サロン・ドートンヌ」から連想してちょっと気取った「サロン・ディヴェール」（Salon d'hiver　冬の美術展）というのを催すことになった。第一回は大谷じしんの版画のほかに、串田孫一、三宅修、中村朋弘などの諸氏がそれぞれの作品を持ち寄り、十畳ほどの洋間の、布を張った壁や本棚の部分に作品を飾って、おしゃべりとコーヒーとお菓子をたのしみ、なごやかな小展覧会といった雰囲気であったらしい。

第二回は翌年の一九六一（昭和三十六）年、こんどはもっと盛大なものにしようと、前記の出品者のほかに、尾崎喜八、串田和美、清水国安、黒沼敏子、山口耀久などに参加が呼びかけられた。その当日、串田さんの絵、尾崎さんの色紙、大谷君の版画、中村君の絵、三宅君の写真などの作品がそろい、尾崎さんの自作の詩の朗読までは上品なサロンだったのだが、和美君のチェーホフの戯曲の「ひとり芝居」、清水君の「落語」と、プログラムが進むにつれて雰囲気が浮かれだし、最後は、みなで仮装をしてそれを写真に撮ろうということになった。

串田さんが大いに指導力を発揮して、自分の顔のみならずわたしの顔にもおかしなメークアップをほどこし、ほかの者たちもめいめい工夫をこらして、怪しげな仮装人間の集団ができあがった。変挺《へんてこ》な衣裳で頭に黒いバケツをかぶった串田孫一氏、おやじに負けじと顔のみならず裸の上体にまでやたらと奇怪な粉飾をこらした長男の和美君、両方の鼻の孔に数本の長いシガレットを差しこんだ珍妙な顔の大谷一良氏、炭焼きの爺さんよろしく手拭いの頬かぶりをして長キセルをくわえた黒沼嬢。そして、それらのモデルたちを三宅君が写真におさめた。

こうして気分は大いに盛りあがったのだが、気がつくと、尾崎さんの姿がいつのまにか消えていた。大谷君の記録（わたしへの手紙）によれば、「皆で仮装だ写真だとはしゃぎ始めたところで、尾崎先生はなんともいえぬ嫌な顔をされて、僕は先に帰る、と言って帰られてしまった。」のだそうだ。

ちなみに、大谷君が尾崎さんの〝嫌な顔〟に接したのは、この時だけではない。桂木観音に尾崎さん、串田さん、河田さんたちと遠足に行ったとき、かれがはりきって、お寺の縁先でコロッケをつくった。まえに串田さんらと木曾御嶽に行ったとき、ふもとの開田高原でかれがコロッケを揚げて仲間たちに好評だったので、それを思い出し、その準備をしていったのである。つぶしたじゃがいもに挽肉を混ぜて手でこね、形をつくる。そのとき「わたしはこれで手がきれいになるんです」と言ったら、《それを耳にした尾崎さんが、実に嫌なお顔をされたものだった。》と、かれは冊子（北のアルプ美術館たより『緑風』一四号）に書いている。

そんなデリカシーの詩人が、すこしは上等な雰囲気だろうと期待してでかけた「冬のサロン」の、あまりの乱れようにあきれかえり、「なんともいえぬ嫌な顔」をして帰られてしまったのは当然であった。

みずからの規矩《きく》に厳格で、けっしてはめを外さない尾崎さんと、ときには茶目っ気を発揮して若い連中とバカな遊びに興じる串田さんと。明治生まれと大正生まれの人間の違いでもあろうか。

ともあれ『アルプ』の主柱である二人の芸術家の、その対蹠《たいせき》的な性格の違いをしめす具体例として、あえて右のような逸話をここに披露した。

（大谷一良の画文集『心象の山々』（恒文社）のなかの「夜空の星のように―尾崎喜八さんのこと」では、サロンの第一回に串田夫人と次男の光弘君が参加したことになっているが、これは大谷の記憶違いであることがわかった。第二回にもこのご両名は参加していない。なお第三回「サロン・ディヴェール」は、この第二回の年の秋から大谷が永年の海外勤務につくことが多くなったため催されることはなかった。）

第十一章 登山者でない寄稿者

『アルプ』はその名のとおり山の雑誌だが、山登りとは直接関係のない文章、つまり登山者ではない人の書いた文章も、かなり積極的にとり入れている。とはいえ本質は山の雑誌だから、その周辺に属する自然をあつかったもの、もしくは山や自然が背景になったもの、自然の香りのするもの、などが含まれる。このことは『アルプ』の裾をひろげて内容の豊饒を増すのに役立ったはずである。

宇都宮貞子さんも登山者ではない。第一五号の「早春の森で」で戸隠高原の植物や鳥たちのことを書き、これが初登場で、それ以後、書きためた文章を次つぎと『アルプ』に寄せた。いわば常連の執筆者のひとりになったわけだが、そのなかでも多作の人にかぞえられる。草や木、鳥のことなどの観察記を書く人だから当節の呼び方にならえば〝ナチュラリスト〟ということになるのだろうが、この呼び名はどうもこの人にふさわしくない。道端や田んぼで見かけるありふれた草でも、この人の筆に乗ると人間との係わりがぐんと親密さを増し、あちこちの山里を訪ねて、その土地でのその草の呼び名、その由来、それにかんする民話なども採集して、それを味わいのある文章にまとめている。あえてこの人の仕事の性質をいえば「植物民俗学」がふさわしいだろう。植物だけでなく鳥のことなどを含めれば「博物民俗学」と呼んでもいいが、単なる博物誌的な観察でなく、それらを土地の人びとの生活との係わりの視点からみつめているところに、この人の仕事のユニークさがある。

ここに宇都宮貞子さんの文章に接して瞠目した遠藤善之氏（慶応大学文学部教授）の「根のある仕事─宇都宮貞子さんのことなど─」と題する好文があるので、無断で失礼とは存じながら、その一部をここに引用することを許していただく。この方は東京日本橋の商家の長男に生まれ、当然家業を継ぐように育てられて事実そのようになるのだが、柳田國男の「野草雑記」を読んだことがきっかけで植物民俗の採録を志すようになり、家じゅうの反対を押しきって家業をすて生物学を専門に学ぶべく京都大学に入った、という精神の履歴をもっている。

《このようなわたしが、宇都宮さんの文章にはじめて接したのは、昭和三十七年に丸善で買った『アルプ』という雑誌の中でである。この山の趣味雑誌に「草木ノート・Ⅳ」という題で、植物の民俗について語られている文章を読んで、ドキッとした。同じような事に関心を持っている人がいたからである。しかしそれはただの民俗の記録ではなかった。「エンジュはズクなしの木だ。人はみんなゆっさりと若葉を茂らせ、花さえ咲かせる頃になって、やっと金色の毛皮張りの寝室からモゾモゾと起き出す。

起き出しても、暖かな寝室の夢を見つづけていて、なかなか銀鼠《ぎんねず》ベロアのパジャマを脱ごうとしない。……」そこには精緻な観察を独自の文章で綴った文学の世界があった。その中で、民俗資料が展開されていくのである。ここでは草木の精霊たちが生き生きと動いている。》（『三色旗』所収）

この文であきらかなように、宇都宮貞子さんという人は、その資質において、なによりもまず文学者なのである。その文章は芯がしっかりしていて、なよなよしたところが微塵《みじん》もない。草木や鳥などの自然観察は年期が入っていて、その的確な描写は野の花のようにむだな装飾がなく、しかしそこにこの人ならではの感性が息づいている。村々の探訪記には「どこそこのだれそれの話では……」というぐあいに、かならず地名が表記され、土地訛《なまり》のことばを直接話法でそのまま採録して素朴な地方色を出すと同時に、採集されたことがらの真実性が保証されるという記述法をとっている。

一例をあげよう。田んぼなどでよく目にする、長い葉柄《ようへい》の先についた大きな葉が断裂状の深い切れ込みでするどい鏃《やじり》のように二股になったオモダカのことである。以下は『アルプ』二七〇号に載った「草木ノート（22）」からの抜粋。

《塩尻市宗賀の荻上さんがオモダカを指して、

「これをカンガラカツギっていうのは、葉の形がカンガラ（鍬柄《くわがら》）に似てるでずら。昔はカンガラに鉄の先はめて使ったが、先はめなんでさくると、粟蒔《あわま》くなんかにゃ具合よかったもんだんね。深くさくるにゃカンガラじゃだめだが、粟蒔きにゃ浅さくりでいいで」

と話した。

以前堀金村（南安曇郡）の老人方に、「カンガラカツギはご機嫌よくしとけば、稲よりずっとでかくなりますに」と聞いたが、その後バスや列車の窓から、オモダカが鍬柄を高々とかついでいる姿をたまに見つけると、「ああ先生、ごきげんよくしてもらってるな」と思って、おかしくなるのだった。

茅野市北山でオモダカをイゴというのは、クログワイと一緒にしているらしい。

武石村（小県郡）の滝沢さんによると、

「オモダカはクワイとよっこく（よくよく）一つだ。根と実と両方で殖えて始末だね」と。

「オモダカ絶やすにゃ鶏糞の生《なま》くれるとよわすど。〝彼岸田の草〟せって、秋の彼岸に田の草取ると、根の玉まで抜けるで根絶やしになる。稲は九月せばフリコンでる

（稲穂が垂れてる）し、わせはへえ黄ばんでいやす」

と、長野市柳原の戸谷さんに聞いた。》

オモダカの調査はさらに野沢温泉（下高井郡）、長野市川合新田、上越市桑取、高山村（上高井郡）、越後・青海町……と広きにわたり、その土地土地によって呼び名が変わって、白い花を咲かせるオモダカが紫の花のコナギといっしょくたになったりする。またそのコナギが、高遠町（上伊那郡）と小諸市小原ではオトゲナシである。

宇都宮貞子さんのこの「草木ノート」が始まるのは第一六号からで、終刊の第三〇〇号にその（25）が掲載されるが、いずれも右に見たような丹念な調査でさまざまな草や木が出てくる。聴き取りの調査ばかりではない。適所に『今昔物語』、『宇治拾遺物語』、『日本霊異記』の説話なども織りこまれて、この人の古典文学の教養が並みならぬことを示している。

宇都宮さんはこの「草木ノート」以外に幾篇もの自然紀行、エッセーを『アルプ』に書いている。文章は乾いた麻布のような手ざわりで、感覚的な描写にすぐれながら、やや粗《あら》く、ひと言でいえば要点のくっきりした簡勁《かんけい》な文章である。

年譜によれば、宇都宮貞子さんは一九〇八（明治四十一）年に長野市で生まれている。

若き日に東京女子大学に学んでいるが、結婚のため中退し、帰郷後はずっと長野市の近郊ぐらしで、生涯そこを離れることはなかった。このことは、自然観察や村里の探訪のためには地の利を得ていたことになる。

宇都宮さんの『アルプ』登場が第一五号であることはさきに書いたが、これは執筆の依頼によるものではなく、紹介者なしの〝投稿〟である。それを機にコンスタントに作品を発表して、それが七十余篇におよんだ。『アルプ』の常連執筆者のうちでも上位にはいる健筆ぶりである。

宇都宮さんの最初の本は、還暦をむかえた年の一九六八（昭和四十三）年に自費出版した『草木覚書』だが、千部限定のこの本はすぐに売り切れてしまい、その絶版を惜しむ読者の熱い要望で、読売新聞社からそれが再刊されている。串田孫一は、この処女本に「草木覚書によせて」と題する序文を寄せていて、その中につぎのような頌辞《しょうじ》がみられる。

《素朴で歪みというものの全然見られない積極性、恐らく心を通わせながら、植物について土地の人たちと語り合う巧みさ。しかもそれが、また別の巧みさで文章の中に自然に織り込まれているのです。

宇都宮さんのなさっていらっしゃることはいかめしい学問などにはならずに学問を越え、私などは、もう何年も前に、はじめてその文章に接して以来、おそろしさを感じ続けています。》

読売新聞社からは、つぎに『草木ノート』が出版され、つづいて創文社からエッセーをまとめた『山村の四季』が出た。そのあとも東京新聞社、評論社、山と溪谷社、新潮社、朝日新聞社、筑摩書房などから出版があいつぎ、その著書二十五冊、そこで紹介された植物は延べ千種類の多きに達した。この種の本としては前代未聞、まさに壮観というべきであろう。

*

岡茂雄氏は、山国育ちなので子供のころによく近くの山に登ったというが、いわゆる〝登山者〟の範疇には入るまい。この人は一九二四（大正十三）年に岡書院を興して、当時は勃興期の新しい学問であった人類学、民俗学、考古学、言語学などの書籍を刊行した出版人として知られている。長野県の出身者が興した出版社は、岩波書店、筑摩書房、みすず書房など高い見識をもつ社がそろっているが、岡茂雄氏も松本生まれの長野県人である。学問にたいするつよい敬愛はこの人に徹底していて、陸軍幼年学校、士官学校を卒業してエリート軍人になったにもかかわらず、道をあやまったとの思いから軍務を厭《いと》い、退官を願ったものの受理されず、髪の毛をのびるにまかせて全国ただ一人の長髪の陸軍将校になってみたり、野放図な花街通いの遊蕩軍人を演じてみたり、その他、仮病やら反抗やら、あれこれの手を使って、ようやく陸軍中尉の軍籍から逃れることができ、東京帝大人類学教室の選科生となって日本民族史を学んだのち、前記の岡書院を興したのである。出版人としての岡茂雄の生き方がここに定まったわけで、のちにこの岡書院の出版事業でかかわった碩学《せきがく》たちの風貌・性状などを書き綴って『本屋風情』なる一書を著し（一九七四年、平凡社刊）、この本は角川文化振興財団の第一回の日本ノンフィクション賞を受けた。

ところで、われわれ旧い岳人にとっては文化人類学関係の出版社である岡書院よりも、おなじ岡茂雄氏が創業の五年後に発足させた山岳書出版の梓書房のほうに、より親しみがある。武田久吉『尾瀬と鬼怒沼』、板倉勝宣『山と雪の日記』、藤木九三『雪・岩・アルプス』、辻村伊助『スウィス日記』、『ハイランド』、小島烏水『氷河と万年雪の山』、伊藤秀五郎『北の山』、大島亮吉『先蹤者』など、いまでは古典的名著とされている山の本が、この梓書房から幾点も刊行されたのである。山岳書出版の歴史で、梓書房の功績は群を抜いて高い。

と同時に、梓書房の事業で見落とせないのは、月刊誌『山』の創刊である。そのいきさつは岡さんが『アルプ』九七号に書いた「創刊譚」に詳しいが、この雑誌の性格は次の発刊の辞であきらかである。

《『山』は　極く寛いだ炉辺叢談誌である／それは　登山家をはじめ　山に関心を有つ諸家の随筆文苑として　香り豊かな山を　多面的に再現することを生命とする》

「くつろいだ炉辺叢談誌」の趣旨は別として、この「随筆文苑」、「香り豊かな山」の文学志向は『アルプ』の性格と一脈通じるものがあるといえよう。とくにこの『山』が通常号よりも増ページの「高原」の特集を編んでいることが、「牧場《まきば》」をはじめとする『アルプ』の特集号の企画にヒントをあたえたであろうとは、まえにも書いた。

惜しむらくは、この格調ある香りゆたかな山の雑誌も、一九三六（昭和十一）年七月に休刊（事実上は廃刊）になってしまう。創刊は三四（昭和九）年一月だったから、通巻して三一号、三年に満たない短命で終わったわけである。そしてそれとともに、岡書院も梓書房も廃業の厄に陥ってしまう。高志の人の良心的な出版理念も、その良心のぶんだけ事業経営の理財の才に欠けていた、ということなのであろう。まさに〝士族の商法〟だったといえる。

ところでその岡茂雄氏は、幾篇ものエッセーを『アルプ』に寄せている。いずれも山に関係のある地名考、親交のあった武田久吉氏や松方三郎氏、山岳画家の茨木猪之吉氏などの思い出ばなし、その他われわれの知らない古きよき時代のことどもで、気負わない筆で書かれた平明な文章は、前掲の『山』の創刊の辞にあるようなくつろいだ気持ちで読めるが、学究の士である岡茂雄氏の炯眼《けいがん》はあちらこちらに光っていて、教えられることが多い。

たとえば第二一一号で上高地のことにふれ、「かみこうち宛字の詮索」で小島烏水の「上高地は神河内が正しき説」を批判し、わたしはこれを読んで蒙《もう》が啓《ひら》かれる思いがした。

同様のことが、第一九八号に載った「五竜岳名詮索の記」についてもいえる。これは、雪の時季にこの山の頂上部にあらわれる割菱《わりびし》型の岩相が、戦国時代にこの地方を領した武田信玄の家紋の割菱に似ていることから割菱岳《わりびしだけ》とよばれ、割菱が御菱《おんびし》と尊称されて御《おん》菱岳《びしだけ》になり、それを音読みして「ごりょう岳」とよばれたのが、いつのまにか「ごりゅう岳」に変化して、誤って宛字されて五竜岳と書かれるにいたったのであろう、と考察したもので、なるほどと頷かされる説得力がある。かつて論議された、後立山《うしろたてやま》を音読みして「ごりゅうざん」になった、なんていうこじつけ説よりも、この岡茂雄氏の割菱説のほうが説得的だろう。すくなくとも、ふもとから眺めて残雪の山頂部にはっきりとあらわれる菱型の岩相をよく知っている登山者にとっては。

『アルプ』所載の岡さんのこれらのエッセーは、のちにまとめられて、『炉辺山話』の書名で実業之日本社から上梓された。この本は絶版後に平凡社ライブラリーの文庫本になり、わたしはその「解説」を書かされたのだが、そこに書いたこと以外に、わたしには個人的な係わりで書くことがない。創文社での編集会議のときに、たまたま岡さんが社にみえられ、その時にしかこの方にお目にかかっていないからである。この時の岡さんの、にこやかで身体壮健な紳士の印象を、わたしは《身についた折目の正しさとともに、どこか人間の容量の大きな人》と書いた。

《信義に厚いこの人は、人からも信頼され、親しまれる純潔な徳をそなえていた。敬意と親愛をこめて書かれた、武田久吉や松方三郎にかんする回想の記に、この人の謙虚でまっすぐな人柄がよくあらわれている。》

と書いたのは、あらためてこの本を読み直したときの、わたしの率直な感想である。

＊

井上靖の『氷壁』が大当りをとって以来、山岳小説——登山家を主人公にした小説——がおおいに流行した一時期があった。この時期は、『アルプ』刊行中の時代の一部と重なっている。雑誌『山と溪谷』、『岳人』、『山と高原』などが競って〝山岳小説〟を載せ、流行作家・新田次郎につづく急ごしらえの〝山岳小説家〟が生み出された。『アルプ』は、しかしそういう流行にはまるで無関心であった。〝山岳小説〟を強いて拒否したわけではないし、編集会議でそれが話題になったこともなかった。だが、もし山を舞台にした清澄で香り高い小説であったならば、それを掲載するのに吝《やぶさ》かではなかったろう。

『アルプ』にしばしば作品を発表した結城信一氏はまぎれもなく〝小説家〟である。一九五〇年の後半、『群像』に発表した自伝的な中篇「螢草」、『早稲田文學』に発表した「轉身」、「落葉の章」の三篇が芥川賞候補になり、以降『群像』、『早稲田文學』、『近代文学』などに作品を発表して、安岡章太郎、吉行淳之介、遠藤周作、庄野潤三らのいわゆる「第三の新人」のひとりにかぞえられた。

結城信一が『アルプ』と関係をもつようになったのは、創文社編集長・大洞正典との縁による。二人は学生時代に早稲田大学の第二高等学院で友人となり、学部はおなじく文学部英文科に進んだ。卒業後は疎遠の歳月があったが、結城信一が文壇に登場してから親交が復活し、友情に篤い大洞正典が『アルプ』の誌面を結城信一の小説発表の場として提供したのである。

小説といっても、結城信一氏の作品は登山家を主人公にした〝山岳小説〟ではない。が、作品の舞台はしばしば山の裾や高原や湖などがえらばれる。これは『アルプ』という山の雑誌の性格を考えてのことではなかったろう。結城さんという人は元来、都会の騒音や俗臭に耐えられない人なのである。作中の主人公もそういう繊細な作者の性質を負っていて、三人称で書かれていても、その「かれ」は作者の結城信一その人と重なる場合が多い。都会に住みながら、自分への慰撫《いぶ》と平穏を求めて自然のなかに逃げ出す、といった趣がある。「わたし」にしろ「かれ」にしろ、主人公の心は体とともに傷つくか病むかしていて、その憂愁の影が、目にする四周《まわり》の自然に映っている――そういう作が多いのである。

小説としては際立った筋の展開があるわけでなく、きわめて地味で纖細で、孤独者の心情を軸にした小さな世界を清純なリリシズムでいとおしむように描いた。それが結城信一の文学だといえようか。

結城さんは第一〇号に「霜細道」、一六号に「樹林の中」、二五号に「深雪」、八六号に「湖尻の芒」を書き、第二二一号の「夾竹桃と星と」まで、合わせて二十二篇（うち一篇は詩）の作品を『アルプ』に寄せたが、作家としては典型的な寡作の人であった。原稿はきれいな字でこの上なく丁寧に書かれていて、この人の作品の端正な仕上がりをそのまま示している。寡作の人だが、それでも生涯には十三冊の作品集を出し、そのうち『螢草』、『鶴の書』、『鎮魂曲』、『夜明けのランプ』の四冊は創文社から刊行されている。

結局、小説家としてはマイナーな存在で終わった——結城信一じしんその純粋性を望んでいただろう——が、それでも一九八〇（昭和五十五）年に河出書房新社から出版された『空の細道』で、新潮社の第十二回日本文学大賞を得ている。

さらに歿後、書肆の未知谷《みちや》から立派な造本の『結城信一全集』全三巻が刊行されたことは、彫心鏤骨《ちょうしんるこつ》のこの人の文業に似つかわしい慶祝すべきできごとであった。

筑摩書房版『現代文学大系』第六五巻は『現代名作集』㈢になっていて、そのなかに結城信一の「湖畔」が選ばれており、この巻の編集にあたった評論家の進藤純孝は、「解説」で以下のように述べている。

《結城が「第三の新人」の中に棲息していたのは、このグループの登場した昭和二十年代の末期だけのことで、(中略)昭和三十二年頃から、結城はこのグループからいつとなく姿を消した。というよりも、悪評に耐えて「第三の新人」が文壇にカムバックしてきた時、結城は独り、仕事の純粋を守って、沈潜していたと説くべきかも知れぬ。

いい方をかえれば、「第三の新人」の故里《ふるさと》に残ったのは、結城ひとりで、あとはみな都会を目指したということでもあろう。(中略)そして「湖畔」は、故里びとの深いかなしみをたたえて、「雨宿りのままになってしまった」人間の寂寥を奏でつづけるのである。》

＊

吉野せいさんは、登山者でも小説家でもない。吉野さん自身のことばによれば「百姓女」である。土に血の汗をながしたその農婦ならぬ「百姓女」のすさまじいまでの生きざまを、ありのままに綴った作品を一冊の本にまとめたのが、吉野せい著『洟《はな》をたらした神』である。この本は一九七五（昭和五十）年に彌生書房から出版され、第六回大宅壮一ノンフィクション賞、第十五回田村俊子賞の二つの賞を受けた。

この本に収められた十六篇の作品のうち、三篇は『アルプ』に発表されたものである。それについては串田孫一の力添えがあった。吉野せいさんが、自分の書いた原稿を串田さんに送ったのである。もちろん、山の雑誌である『アルプ』に自分の作品を載せてもらおうという心づもりなど、まったくなかったにちがいない。最初に送られてきたのは、作品集の書名になった「洟をたらした神」であるが、それから三、四篇ずつの作品が串田さんの手元に届けられた。

吉野せいさんがどういうわけで自分の原稿を串田さんに送ったかについては、両者のつながりの線が正確にはわからないが、せいさんの夫は詩人の三野混沌であり、吉野せい著『暮鳥と混沌』（彌生書房）所収の「三野混沌略年譜」によれば《一九五四（昭和二十九）年、串田孫一を知る。》とあるし、また杉本賢治氏の作成による「串田孫一年譜」にも《一九五四年九月、福島県石城郡好間村に三野混沌氏を訪ねる。》とあることから、この線でつながりが生じたのではないかと考えられる。が、それはともかく吉野せいさんとしては、ただ串田孫一氏に自分の書いた原稿を見てもらいたいという、それだけの気持ちからだったに相違ない。最初に送られてきた「洟をたらした神」を読んで、串田さんが「張手を喰《くら》ったよう」な感銘をうけ、その感銘を手紙でつたえて、吉野さんの執筆をさらに促したであろうことは、他人《ひと》の面倒をよくみる串田さんの性格を考えると、どうもありそうな気がする。吉野さんの作品集を彌生書房に薦めて出版の労をとったのも串田さんだった。

書名になった「洟をたらした神」は、『アルプ』一八八号に発表された。つづいて一九〇号に「いもどろぼう」、一九二号に「飛ばされた紙幣」、一九四号に「梨花」と次つぎと掲載され、「飛ばされた紙幣」を除く右の三篇が、作品集『洟をたらした神』に収録されている。吉野さんの『アルプ』掲載の作品は、さらに二〇六号の「道」、二一一号の「白頭物語」があるが、この二篇はおなじ彌生書房から出た第二作品集『道』に収められている。

吉野さんの作品を読んですごいと思わせられるのは、阿武隈山地菊竹山のふもとの藪っ原で貧苦に負けずに生き抜いた小作開拓農民の土性骨のたくましさとともに、その文章の圧倒的な迫真力である。薪雑把《まきざっぽう》を鉈《なた》で叩き割ったような荒削りの文章には、女性のものとは思えない強靭な力がある。たくらんで磨きをかけた文章ではない。粗野な野良着姿そのままのような、真実そのものの醇乎《じゅんこ》たる文章である。

驚くべきは、吉野せいさんは一八九九（明治三十二）年の生まれで、これらの作品を書きはじめたのは、じつにこの人が七十二歳のときであったことだ。荒地の開墾ひと筋の苦難のくらしで培われたのだろうか、その確かな表現力と、ぐいぐいと読む者を引き込む筆力は、作者のこの年齢を信じさせない。

吉野さんの作品集はしかし、貧苦のくらしの苛酷さにもかかわらず、内容はかならずしも暗いものばかりではない。

たとえば「洟をたらした神」とは、かぞえ年六つになるノボルという作者の男の子のことである。古いバリカンで虎刈りにされた頭髪は、ぼさぼさと両耳をかくすほどのびている。青洟《あおばな》が一本いつもたれていて、それをぼろぼろ着物の右袖《そで》でこするので、袖はにかわを塗りつけたように光っている。雪のない時期はほかの子供たちと同様に大方ははだしで野山を駆けめぐっているが、両親の農作業中は妹のリカを小さい背中に結わいつけられていることが多い。性格は従順で、たくみに道具を使って竹トンボやコマなどを作るのがうまい。

ヨーヨーという、滑車の回転の振動と惰性を利用した紐回しのおもちゃがひどく流行《はや》ったころ、ノボルはそれを買うカネを、重い口ではじめて母親にせびった。金額は二銭だった。子供に玩具など買い与えたことのない貧しい母親は、二銭の価値は、キャベツ一個、大きな飴玉十個、茄子《なす》二十個、小鰯《こいわし》十五匹は買える額だとはじきだす。結局、ノボルはその二銭をもらえなかった。

が、その翌日の夜、作者が「小屋」と呼ぶ吊りランプのともる家の中に、親子入りまじった歓声が湧き起こった。ノボルが自分の手で、適当な形の松の枝を削って、みごとなヨーヨーを作りあげたのだ。

その辛《つら》くも明るい話のあとで、生後わずか八ヵ月で世を去った哀れな赤子・リカの死をみとった「梨花」を読むと、この上ない悲しみに胸をしめつけられてしまう。おとなしくて、いつも可愛らしい笑顔を見せていたことが、野良仕事に忙しい母親の目をくらまして、病《やまい》におかされたそのからだの変調を気付かされずに、幼い命を梨の花びらのように散らしていったリカ。やってきた医者に冷たく絶望と告げられた命を、なんとかして救おうと思いつくかぎりの手をつくして、いたいけなわが子の最期をみとった、こんな克明な、こんな哀切な手記を、わたしはこれまで読んだことがない。この稿を書くにあたって、この作品をあらためて読み直してみて、わたしは涙が湧くのをこらえられなかった。

吉野せいさんのこの『洟をたらした神』一冊には、右の二篇を含めて十六篇の作品が収められており、そのどれにも艱苦《かんく》にみちた開拓農民のくらしの真実がなまなましく描かれていて読者の胸を熱くするが、大地にしがみついて生きた女の頑《かたく》なまでの根性を綴ったものに「公定価格」の一篇がある。国をあげての愚かな戦争も敗色が濃くなった昭和十八年のある日のことだ。

食糧不足で甘味にも飢えていたそのころ、著者は〝供出〟の残りの梨を、東京から来た二人の婦人に一貫目一円八十銭で分けてやり、くどいほど何度も礼を言われて感謝される。公定価格は一貫目一円五十三銭である。そこに点数をあげるためだろう、無頼漢まがいの三人の警官がやってきて、いままで闇値《やみね》でどれだけ不当にもうけたか、このあま、恥知らずの畜生、とののしられ、小突かれる。ただ公定価格でだけで売っていたんでは、とてもくらしていけない、梨畑には肥料の配給はなに一つなく、こやしを分けてもらうにも実を包む虫よけの袋の紙を手に入れるにもたいへんなのだ、と抗弁して、謝ろうとしない女に、正式な始末書を持ってあす午前中に警察に出頭しろと命じて、警官たちは去ってゆく。

その夜、部落で顔の利く世馴れた知人がそっとやってきて、これから駐在所に同行しようと言い、梨の手みやげを二貫ずつ持って頭をさげれば、それでことは済む、むこうもそれがねらいなんだ、と親切に教えてくれるが、勝気《かちき》の人はそれもていねいに断って、翌日ひとりで駐在所にでかけてゆく。手みやげなど持たず、代書人の書いた規定の書式の始末書を持って。

威厳を失うまいと傲然《ごうぜん》と構えた、きのうの巡査の前に置かれたよごれた腰掛けに、土だらけの地下足袋と、つぎを当てたモンペ姿の、貧苦まるだしの「わたし」が神妙に腰をおろした。

《わたしは風呂敷を拡げて始末書を出し、立ち上がって巡査の卓の上へ及び腰に捧げた。巡査は勿体《もったい》らしく読み下してから、おもむろに一咳して、

「お前はこれを全部認めたのだな」

「はい」

「悪かったということも、又これから注意することもここで誓えるな」

わたしは返事をせずに、唯つつましく下を向く演技をした。腹の中で大声で「糞っ」と反撥しながら。》

土との必死の苦闘で生きてきた根太い人間の、国家権力を笠に着て威張りくさる男にたいする侮蔑《ぶべつ》と怒りが、そのままズキンと読む者の胸に響くようではないか。

さきにもふれたが、吉野せいさんの夫は詩人の三野混沌氏である。夫婦で開拓生活の労苦を共にし、詩集『阿武隈の雲』（昭森社）を持つこの人も『歴程』の同人だが、発表された作品は多くはない。その混沌さんの詩を一篇ここに紹介しておこう。『アルプ』八一号に載った「ヤマ」と題する小品である。

あさあめがはげしくおりてきた
なにもなかない
はたらけばゴミをだすように
くうめしをこぼした
めがみえないからだ
みえないめしをくうからだ

スギヤマのこずえのさわやかなかぜのおとが
たえまなくおしよせる
スズメのコが
ヘビにのまれている

一九七二（昭和四十七）年の春、三野混沌が耕した畑の一隅《いちぐう》に雄勁《ゆうけい》な草野心平の字で、「天日燦として焼くが如し　出でて働かざる可からず」と刻まれた混沌の詩碑が、かれを追慕する有志たちによって建てられた。三野混沌についてはなお『アルプ』一四九号に「さようなら、阿武隈の雲よ！」と題する、阿久津哲明氏の熱い追悼記が載っていることも書きそえておきたい。

＊

登山者でない『アルプ』の寄稿者のなかには、神沢利子さんもいる。

神沢利子といえば児童文学作家として知られていて、幾冊もの童話作品を書き、それらの多くが児童文学賞を得ている。一九六一（昭和三十六）年に理論社から出版された『ちびっこカムのぼうけん』が産経児童出版文化賞を受けたのを手始めに、七六年の『流れのほとり』（福音館書店）が日本児童文芸家協会賞、七八年の『いないいないばあや』（岩波書店）が日本児童文学者協会賞と野間児童文学賞、八九年の『タランの白鳥』（福音館書店）が産経児童出版文化賞大賞を受け、そのほか小学館児童出版文化賞、児童福祉文化奨励賞、講談社出版文化賞、絵本賞など、書いていて煩わしくなるほどたくさんの賞を得ている。まるで神沢利子の本が出るたびに、それを待ってましたとばかりに賞が贈られている、といった感じなのだ。

さらに、それまでのこの人の業績にたいして、九五年に巌谷小波文芸賞、翌九六年には路傍の石文学賞、モービル児童文化賞も贈られている。

その多くの神沢利子の児童書の代表的作品といえば、なんといっても『くまの子ウーフ』だろう。この本はドイツ、フランス、オランダ、韓国、ブラジルなど七カ国で翻訳出版され、わたしもフランス語版の〝Ouf, le petit ours〟を持っているが、日本ではいまも版を重ねて読みつがれ、小学校低学年用の国語教科書にも多数採用されている。

神沢利子の作品は、しかし児童向きのものばかりではない。『雪の絵本』（三笠書房）、『天の橇がゆく』（福音館書店）など、おとな向きのエッセー集もある。

さらに詩集もある。『林檎の木のうた』（童心社）、『いないいないの国へ』（童心社）の二冊は、それぞれにちがった画家の幻想的な絵と、詩とのコンビネーションがすばらしい効果をうみだしている。最近に出た第三詩集『立たされた日の手紙』（理論社）から、参考までにここに一篇だけ抜いておこう。

さかな

友だちと　おしゃべりしたことも
うたをうたったことも　ありません
声をあげて　泣《な》いたことだって　ありません
ただ　だまって　この口で
波をわけて生きてきました

お皿の上のさかなは
まるい目をあけたまま

ほんのすこし　口をあけています
今はもう　なにもかもすみました
というように
ほっかり　口をあけています

ここで神沢利子さんの略歴の一端をちょっと覗いてみる。

この人は一九二四（大正十三）年に福岡県で生まれたが、炭鉱技師だった父の赴任で樺太（サハリン）に渡り、五歳から十四歳までの幼少期をこの地ですごしている。九年間におよぶこの北方の地での自然体験が、その後の童話作家としての神沢利子のしごとに決定的な影響をあたえたことは確かだろう。この人の作品にはじつに多くの動物や虫や鳥や草や木や魚たちが出てくる。空想の中のこれらの生き物たちには、どれも作者の血と体温がかよっていて、それはこの人の樺太での体験がもとになっている。詩集『立たされた日の手紙』の「あとがき」でも、

《紅《あか》い野バラ咲くサハリンの草野をかけめぐって過ごしたこどもの日——

シマリスを追い、野イチゴを摘《つ》む野山での遊びに夢中になりながら、わたしはその

一方で、この世のほかの世界、「物語」の世界にも憧《あこが》れていたのです。

小さい頃から母に買ってもらうらくがき帳がうれしくて、おはなしや絵をかくのを楽しみにしていました。鉛筆を握《にぎ》ればおはなしは次々に湧《わ》いてくるのでした。》

と書いている。

さきにみたように神沢さんはたくさんの本を書いたが、それらのどれにも通底しているのは純粋な〝童心〟である。それも、世俗によごれたおとなが振り返った過去の童心ではなく、齢《とし》をとってもそのまま変わらず身について生きている童心である。神沢さんの作品が多くの読者――ことに女性の読者――の共感を得て愛されているのはそのためだろう。

ところで、神沢利子と『アルプ』との関係といえば、この人は第一六〇号に載った「知床」を初めとして十二篇の作品を『アルプ』に発表している。どれも素直な筆遣いの文章で綴られていて、やさしいあたたかな表情をうかべているが、よく読むと、淡いせつなさを感じさせるような作もいくつかある。

たとえば一八二号に出た「川のうた」。これは題名の上にやや小文字でわざわざ「童話」とついているが、児童が読んではっきりと理解できるような内容のものではない。

幼い「あたし」と、あたしを育ててくれた「おばあちゃん」との会話を軸にした物語で、おとなの入口をはいった者が納得できる、愛情にみちた立派な文学作品になっている。そして、そこに何かほのぼのとした哀しみのようなものを感じさせられるのも、作者の童心のあまりの純粋さによるのかもしれない。文章は端正で、すこしの乱れもなく、みずみずしい詩情が底にながれている。

詩情といえば、第二六四号所載の「林のなか」にえがかれた、ブランコに乗った女の子の幻想も、眩惑をさそわれる散文詩になっている。どの作品にも、こうしたポエジーがひそんでいるのは、三冊の詩集を持つこの人にとって当然のことだといえよう。

神沢さんは『同じうたをうたい続けて』（晶文社）というきれいな近著を、わたしに送ってくださった。この本には、右の「川のうた」、「林のなか」の二篇とともに『アルプ』二八四号に発表された創作「さくらさくら」が収められていて、その「補筆」のところにこんなことばが書かれていた。

《ここに収められた小品は一九七三年から八一年までのもので、三篇までが雑誌『アルプ』に発表した作品である。

『アルプ』は山を愛する人びとの文芸誌で、その編集の中心には串田孫一氏がおられたと記憶している。わたしはそれまで児童文学関係以外のところにかいたことはなく、美しいエッセイの集められた『アルプ』から依頼を受けたことがうれしく、緊張してペンをとったのを思い出す。七一年に三笠書房より上梓したわたしのエッセイ『雪の絵本』が、当時編集に携わっていられた山口耀久氏の目にとまってのことだったらしい。》

『アルプ』が終刊してから、すでにほぼ四半世紀が経っている。それなのにまだ『アルプ』が生きていることに、わたしはふしぎな感慨と悦びを覚えた。

一九二四年生まれの神沢さんは、二六年生まれのわたしよりも二歳年上である。若いころに結核をわずらい、療養所に入って手術を受けたりして、わたしの過去と重なるところがある。三鷹住まいの神沢さんと、久我山住まいのわたしとが、ともに井の頭公園を散歩の領域にしていたことも、おなじ経験といえるかもしれない。

その井の頭公園で、ながい無音の歳月を経てお逢いした神沢さんは、やさしく美しい上品なおばあさまになっておられた。

第十二章　さわやかな終刊

一九八三（昭和五十八）年二月、『アルプ』は三〇〇号をもって終刊することにした。五八（昭和三十三）年から満二十五年、この間《かん》、月刊誌としてとくに破綻もなく、無事に終刊をむかえたという感が深い。この終刊の三〇〇号は総数三二四ページで、通常の号は六八ページだから、じつにその四倍半を超えるヴォリュームになった。雑誌の終焉としては華ばなしいものだといえよう。力が衰えて細ぼそと消えるのではなく、その終わりをきちんとした形で締め括《くく》りたい――編集にたずさわったわれわれ一同のそんな希いが、この大冊の終刊号には込められていたと思う。

終刊に際しては、それを惜しむ好意的な記事がいくつかの有力紙に掲載された。毎日新聞は、一面の四分の一のスペースを割《さ》いて「さわやかに勇退　山の月刊誌『アルプ』」の見出しで、その冒頭に次のようなコメントを寄せてくれた。

《山の月刊誌として地味ながら、多くの読者を引きつけていた『アルプ』（創文社）がこの二月号で終刊となった。串田孫一氏を中心に、昭和三十三年の三月に創刊されてからちょうど二十五年、三百号でピリオドを打つことになった。上質の用紙、清そな装丁、自社の出版物以外はいっさい広告を載せないという方針を貫きながら、多くの新しい筆者を世に送り出したユニークな雑誌だった。「山の芸術誌として時代の役

割を終えた」というのが、終刊の理由。さわやかながら、永年のファンにはちょっぴりさびしい〝勇退〟である。》

つづけて『アルプ』の内容や功績をくわしく紹介して、そのあとに大洞編集長の次の談話も載せている。

「どこか書く人たちの感動が伝わって来ないんです。自然環境はもちろん、山に登る人たちの気風や風俗が四半世紀のうちに随分と変わりました。ただ山へ登る、頂上を極めるだけが目標で、それを文や絵に残そうとする人たちが少ないのです。執筆者たちも次の世代の人たちが育ってきませんでした。編集をしていても手ごたえが感じられなくなりました。」

串田さんの所感もつづけて紹介されている。

「いまはアルピニストたちの転換期のような気がします。ただ登ることだけが誇りになっています。終刊にするのは惜しいという声もたくさんいただきましたが、締めくくりはきっちりしようという気持ち。また〝山の文芸〟復興のきざしがあれば、それは次代の人たちに期待しましょう。」

そして記事の終りは、

《情報誌や女性誌の相も変わらぬはんらんの中で、地味ながら味わいのある雑誌が一つ消えていく。》

と、哀惜のことばを記している。

朝日新聞も「豊かな草原いま荒れて『アルプ』25年の終刊」という見出しで、おなじような哀惜の記事を載せて、その末尾を、

《『アルプ』の終刊はかつての文学を生んだ豊饒な草原(アルプ)が荒れはてたことへの、一つの警告を思わせる。》

ということばで結んでいる。

その他、図書新聞では、「『アルプ』消える」と題して、

《装いも内容も瀟洒で、自社出版物の広告以外いっさい広告をのせない贅沢なこの雑誌には、串田氏はもとよりのこと、尾崎喜八、曾宮一念、深田久弥、矢内原伊作、宇佐見英治、辻まこと、畦地梅太郎、冠松次郎、草野心平、山本太郎など、山のホモ・ルーデンス六〇〇人が執筆。ここから串田『夜空の琴』、畦地『山の足音』、辻『山からの絵本』、吉野せい『洟をたらした神』、近藤信行『小島烏水』、本多勝一『旅立ちの記』などの名作が生まれた。》

と書いてくれた。

以上を見ると、ジャーナリズムのあいだではほとんど注目をうけなかった地味な一雑誌としては破格の扱いで、その終刊を惜しまれたことになる。

東京新聞には、串田さんが「雑誌を終わらせること―『アルプ』の場合―」という題で、その幕引きについてのかなり長い一文を記した。

*

『アルプ』終刊の事由は、さきに引用した大洞、串田両氏の談話にみるとおりだが、その事情をさらに詳しく具体的にながめてみよう。

終刊の理由の第一は書き手の不足だといえる。深田久弥、河田楨、尾崎喜八、冠松次郎、上田哲農氏など、常連の明治生まれの執筆者たちが次つぎと鬼籍に入り、大正生まれの辻まこと氏まで亡くなってしまったが、そのあとの空白を埋めるだけの新しい書き手が育たなかった。「編集室から」の後記で、若い新しい書き手の登場を促すような呼びかけを試みたりしたけれども、期待したほどの成果は得られなかった。

一二八号の後記に、わたしがこんなことを書いている。

《『アルプ』が創刊以来、執筆陣の拡張ということをつねに心がけながら、いまだにその目的を果たしていないのは、『アルプ』という個性のわくにとらわれているからではなく、いわば現在の山を登る人で文章を書ける人があまりに少ないからである。わたしたちは常連の執筆者によって誌面をととのえる意志は少しもないし、新しい人たちにいわゆるアルプ的な文章を求めているのではない。そのことをここで繰り返しておきたい。》

ここで「いわゆるアルプ的な文章」などとおかしなことばを使っているのは、『アルプ』がへんに気どった技巧的な文章、情緒的なムードで人の気を惹くような文章を載せる雑誌だと誤解されているふしがないではなく、若いと思われる投稿者の原稿にそういう装いのものが少なくなかったからである。内容が浅いのに、装った言葉でいかにも文芸作品だといわんばかりの文章を、わたしは好まない。武骨でもいい。山での自分の体験をしっかり綴って、読む者にさわやかな感銘なり、微笑なり、潤《うるお》いなりを与えてくれる文章——そういう文章が望ましいのだが、それは叶わぬ期待に終わった。

良質な山の文章を書ける人が少なくなったということでは、『アルプ』の編集にたずさわったわたしどもの嘆きだけでなく、外部にもおなじ事態を悩んだ人の証言がある。

『岳人』誌二〇〇五年一月号に、山岳書批評家の福島功夫氏が、山の本の販売を専門に扱っていることで知られる東京お茶ノ水の老舗《しにせ》・茗溪堂を訪ねて、店主の坂本矩祥氏をインタヴューした記事が載っている。福島氏に最近の山の本の売行きを問われて、坂本氏は、近頃は売れる本があまりなく、以前と比べて売上げは落ちていると答え、いい本や売れる本が少ない原因は、山に登る人間が読みたいと思うような内容の文章を書ける書き手が少なくなったからではないか、と述べている。

このインタヴューは『アルプ』終刊の二十二年後に行なわれたものだが、よい山の文章の書き手が少なくなったという憂うべき事態は、このあいだにもいっこうに改善されていないことが、これでわかるのである。（追補・その後、茗溪堂は売上げ不振のため二〇一一年に小売書店としての店を閉じている。）

執筆者の枠《わく》を拡げるというのは、編集会議でいつもみなが心掛けたことで、『アルプ』の寄稿者は終刊までに総計六百八十人ばかりがかぞえられる。当時の〝書ける〟と思われるほとんどの人に執筆依頼状が出されたはずである（断わられることはほとんどなかった）。だが、再三再四の執筆が望ましくなるような書き手は、けっして充分とはいえなかった。

三宅君がひとりで編集を担当していたころも、編集委員による合議制をとるようになってからも、執筆者を選ぶのに苦労はなかったのだが、年とともに号を重ねるにつれてすぐれた書き手が次つぎと亡くなると、編集会議で次号の執筆者を選ぶのに手間どるようになった。談笑をまじえて軽快な気分で進められていた編集会議が、そんなことから快調に進まなくなるのは二五〇号あたりからだったろうか。誌面から活気が薄れ、山の〝気〟が乏しくなるのは『アルプ』が晩年を迎える兆候のように思われた。先細りになって消えるまえに、さっぱりときれいに幕を引きたいという気持ちは、編集会議での話題にこそならなかったものの、編集委員のだれの胸にもあったにちがいない。

四半世紀、二十五年という歳月の経過は、編集に係わったそれぞれの身にも当然、加齢の現実をもたらしていた。『アルプ』発刊時にはまだ十六歳で、二十二歳のときに編集委員に加わった岡部牧夫は、終刊時には四十一歳になっていた。二十四歳で創刊号の表紙の版画をかいた大谷一良は五十歳をまぢかにしていたし、かれの一歳年上の三宅修はすでに五十代に入り、山口耀久は満五十七歳を四ヶ月後にしていた。四十二歳で『アルプ』を創刊した串田孫一は六十七歳になり、不整脈と数年まえから腰椎の故障で登山はもはや諦めざるをえなくなっていた。

編集委員たちのこうした事情も、『アルプ』の衰退とまったく無関係だったとはいえないだろう。歳月の経過は、在るものすべてにひたすら非情なのである。

いっぽう、以上にみた事情とは別に、この二十五年の歳月は山の自然環境にも大きな変化をもたらしていた。自然を〝観光資源〟として食い物にする拝金主義の動向が、あたかも病菌が増殖するように全国各地にひろがったのである。『アルプ』刊行中の二十五年間に起きたその乱開発の主な実態を、ここにざっと見てみよう。

谷川岳の天神平に土合口からロープウェイが敷設《ふせつ》されたのは一九六〇（昭和三十五）年である。

翌六一年には、大台ヶ原にドライブウェイができ、頂上のすぐ下まで自動車でのぼれるようになった。

富士山に「スバルライン」という自動車道路が開通して、ふもとの河口湖から五合目までバスで行けるようになったのは六四年。

六七年には、北八ヶ岳の麦草峠を越えて佐久側と茅野側をむすぶ自動車用の県道（その後の国道二九九号線）が開通して「メルヘン街道」などと卑しい色目づかいの観光名称がつけられ、またおなじ北八ヶ岳の横岳でも「日本ピラタス横岳ロープウェイ」という馬鹿げた名称（さすがにそのバカさ加減に気づいたのか、のちに「北八ヶ岳ロープウェイ」と改称された）の乗物が架設されている。

木曾駒ヶ岳にもロープウェイが敷設されて、山上のカール・千畳敷までゴンドラで行けるようになるのも六七年のことである。

六九年には「奥秩父・大ダルミ林道」というのが開通して、主稜線上の金峰山・国師ヶ岳間の大弛峠まで車でのぼれるようになった。

七〇年になると、岐阜県側から西穂高にのぼる「新穂高ロープウェイ」が設けられた。おなじ七〇年には、四国の石鎚山で「石鎚スカイライン」が開通する。

信濃大町から籠川谷を扇沢までバスで行って、長いトンネルをぬけるトロリーバスで黒部ダムに出、ダムを渡った対岸から地下ケーブル、ロープウェイ、さらにトロリーバスと乗り継いで立山の室堂《むろどう》まで運ばれる大観光ルート「立山黒部アルペンルート」が完成したのは七一年である。

この年にはまた富山県側から、室堂にのぼる弥陀ヶ原バスルートも開通している。二年後の七三年には乗鞍岳にもバス道路がのぼり、登山者でない一般の旅行者まで山上に運ばれるようになった。

そして七九年には、山梨県側から夜叉神峠を長いトンネルでぬけて、北岳登山口の広河原に下り、さらに北沢峠を越えて、長野県戸台に至る「南アルプス・スーパー林道」が、永年におよぶ反対運動の抵抗を押し切るかたちで開通する。

八〇年には、蓼科高原から霧ヶ峰にのぼり、和田峠、扉峠を横切って美ヶ原に延びる自然破壊の自動車道路「ビーナスライン」が全通する。長野県企業局によるこの山上の観光道路の建設は、折から発足した環境庁をも巻きこんで地元の自然保護団体のはげしい反対運動をひき起こしたが、九年にわたる抗争のすえに、この暴挙は強行されたのである。

＊

日本各地にひろがった、こうしたすさまじい山地の乱開発は、登山者の心にも微妙な変化をおよぼさずにはいなかった。それがどう変わったかは、ひと口に言うのはむずかしい。しかし登山とはほんらい自然そのものの中に分け入る行為であり、したがって反文明的な要素をふくむものだとすれば、機械の利便にたよることは登山から本質的な重要部分が失われるのを避けられない。登山のもつ精神性の稀薄化をまねくともいえようか。

折から、この国は急激な高度経済成長期をむかえ、〝マイカー〟という流行語が象徴する車社会の現象をうみだしていた。さきに見たような、すさまじいまでの山地におけるドライブウェイの開発も、自家用車普及の時代の波に乗った営利追求のあらわれであったことは確かである。豊かになった生活が〝レジャー〟という流行語をうみ、人びとは勤労の疲れをその余暇《レジャー》で癒やした。レジャーの娯しみかたを山にもとめた人びとは、文明の足を利用するのに気持ちの抵抗はなかった。登山人口の増大と山の観光施設の繁栄は、こうしてたがいに手をとりあって新しい登山の流れをつくったが、この新しい風潮は新しい文化を産まなかった。簡便な登山は自然との緊密な関係をむすばず、その親密な交感がなければ真の山の文化は育ちようがない。

すべての登山者がこの簡便登山の実行者だとはいわないが、『アルプ』についていえば、その新しい書き手が育たなかったのは、こうした山の俗化の現象にも一因があったといえようか。

登山者の年齢構成も変わりつつあった。若者の山離れの傾向が顕著になり、かわって中年登山者の増大が目立つようになった。山と溪谷社から『中年からの山歩き入門』という本が出版されたのは、『アルプ』終刊の三年に先だつ一九八〇（昭和五十五）年のことである。山岳関係の書籍のタイトルに「中年」ということばがここで初めて使われ、本は版を重ねてよく売れたという。この〝中年〟がのちの〝中高年〟に変わるのにながい年月は要しなかった。

深田久弥氏の選んだ『日本百名山』の完登をめざす登山者があらわれはじめるのも、この中高年登山者の増加と密接な関係があろう。日本登山史はじまって以来はじめての珍現象である、中高年登山者の〝日本百名山めぐり〟がブームになるのは『アルプ』終刊以後のことだが、その活発な胎動は、すでにこの頃に始まっていたとみてよい。人影の少ない山を静かに味わうのでなく、人の蝟集《いしゅう》するにぎやかな山にいよいよ多くの登山者が集まるという不思議な現象も、同時にこの頃にあらわれるようになっていた。

登山の形態の多様化ということでは、フリークライミングという新しい岩登りのスタイルが、流行のきざしをみせはじめた事実も無視できない。『岩と雪』七二号が「アメリカのフリークライミング」の特集を組んだのは、『アルプ』終刊に先だつ八〇（昭和五十五）年のことである。この流行はやがて街の建造物の中や戸外に人工壁のジムを出現させ、それを舞台にしてクライマーたちが登攀技術を競うコンペティションまで開催される盛況を呈するようになる。ロック・クライミングは、かならずしも山を必要としない競技的スポーツにまで分化をとげたのである。

登山の多様化・大衆化ということでは、『アルプ』終刊の翌年の八四年ごろから、山の雑誌に旅行会社による「国内ツアー登山」の募集広告が出るようになる。みずから計画し、実行し、現地でみずから判断するのではなく、団体で〝連れていってもらう〟中高年の登山客がふえるようになるのも、そう遠いさきのことではなかった。

＊

ところで、以上に見たような登山界のはげしい趨勢の変化も、『アルプ』はまったくといえるほど無関心であった。編集会議でそれが話題になったこともないし、かりに話題になったとしてもそれは外の世界のことであった。新しい山の道具がうまれて、それによって新しい登攀技術が開発されても、その紹介はほかの雑誌に任せておけばよい。故意に時代の変化に背を向けたわけではなく、ごく当りまえのこととして『アルプ』は創刊以来変わらぬ〝山との心の対話〟の姿勢を保ちつづけたことになる。

しかし、その心の姿勢をつたえる執筆者たちが相次いで世を去り、その跡を継ぐ新世代の書き手が育たないとなれば、『アルプ』が終刊するのは必然のことであった。編集にたずさわった者たちとしては悲痛感などはすこしもなく、むしろこんな非実用的でながくは続くまいと思われていた雑誌が、よくもまあ三〇〇号までも続いたものだという感嘆の気持ちとともに、一時代の山の文化誌としての使命をはたした、という自負の念がつよいのである。この気持ちは、晴れがましくも三〇〇ページを超えた終刊号によくあらわれていると思う。

いま『アルプ』の二十五年間をふり返ると、「アルプの夕べ」や「アルプ展」のことが、一種の感慨とともに思い出される。千代田公会堂での「アルプの夕べ」では九州あたりの遠隔地からの来場者もあって満場の盛況だったし、新宿駅ビルの催し場で開催された七回もの「アルプ展」では各回とも、それを企画した山下書店の社長がおどろくほどの成功をおさめた。

思えばその頃——一九七二（昭和四十七）年に開催された第五回「アルプ展」あたり——までが『アルプ』の青年期・壮年期であったような気がする。おだやかな性質の雑誌であるのに、こうした催しの雰囲気には、読者と共感する熱気のようなものさえ感じられたが、その青・壮年期が新しい若手の世代によって引き継がれない以上、老年期の衰態にむかうのは当然のなりゆきであろう。その老年期がみじめな衰滅をむかえるまえに、みずから律してさわやかな終焉をむかえることができたのは、編集に関与したわたしどもに共通した満足であった。

串田さんはこの終刊号の編集後記「編集室から」に、いかにも串田さんらしいことばで、こう書いている。

《二十五年前に「アルプ」創刊の短い言葉を書いた時も、今夜と同じように冬の星々が冴えていた。悦びと誇りとを極力抑えて殊更に何も宣言しなかった。今は内に秘める感情も自から異るが、幾らかの含羞の笑みを残して静かに編集室の扉を締めよう。

創刊の時わたしはまだ娘でした、と孫を連れた婦人に声を掛けられた。それでは一緒にアルプの火を消しましょう。》

＊

さて、これまでは『アルプ』の表むきのことを主にして書いてきたが、資料としての十全を期するならば、その裏側の経理上の実情についてもふれておく必要があろう。経理の責任者はいうまでもなく経営者の社長である。社長の久保井理津男氏が、串田孫一氏のエッセーを載せる「ＰＲ誌」の発行を思いついたことが、『アルプ』誕生のきっかけになったことは、すでに述べた。

この『アルプ』の創刊は、創文社創立の七年目のことで、経済的にもっとも遣《や》り繰りのむずかしい時期にあたっていた。そんな時期に広告も入れず、ひたすら〝きれいな雑誌〟にこだわって、最上の用紙、印刷、製本と贅《ぜい》をこらして『アルプ』を発刊した久保井社長の決断は、まかりまちがえば経営者失格のリスクをともなっていただろう。が、久保井理津男氏はあえてそれを実行した。そしてそれが成功をおさめたのは、ひとえに久保井社長が串田孫一氏に新雑誌の主幹を願い出たことによる。串田孫一氏は当時、思索的なエッセーで若者たちのあいだに絶大な人気があり、そのかれが中心でなかったならば、『アルプ』が二十五年も続くということは、まずありえなかった。その点で久保井社長の着眼はみごとに的を射たといえる。

だが、社の経理事情が苦しかったために、原稿料の支払いが滞《とどこお》ってしまい、串田さんがそれをいくどか立て替えたということもあったらしい。そのことで《温厚な串田先生からきつく叱られた。》と、久保井社長は正直に書いている（八三年四月『プリンティング・インフォメーション』所収「月刊誌『アルプ』の終刊に寄せて」）。

『アルプ』の創刊号はひじょうな歓迎をうけ、初刷りの三〇〇〇部はたちまち売り切れ、三度も増刷して合計一二〇〇〇部を出したことも、まえに書いた。第二号からは初刷りを一〇〇〇〇部にしたが、ほとんど売り切れ、その後もこの発行部数で順調な売行きがつづいた。

しかし、一年を過ぎるころから返品がふえはじめ、発行部数は相変わらず一万部だったが、返品が半数を超えるという事態がつづくようになった。

ことわっておくが、われわれ編集委員は（串田さんがどうだったかは知らないが）、こうした売上げの事情については知らされていない。久保井社長は編集会議にはほとんど顔を出さず、『アルプ』の内容についてもいっさい口出しをせず編集委員に任せきりなので、われわれはこの売上げ事情に心を煩わされることもなく、ただ編集の任務に専念していればよかった。

それだから、それまでは一般の雑誌と同様に小売書店からの返品が可能な委託制だったのをやめて、『アルプ』を買切り制にしたいと社長から申し入れがあったとき、その事情に関心のうすい編集委員たちは単純にそれに反対したのである。買切り制にすればたしかに返品の弊《へい》はなくなるが、書店に疎《うと》まれて店頭にならべられる率は極度に低くなる。だが、社長の決意は堅かった。社長の見通しとしては、買切り制にすることで一時的に配本部数が落ちても、固定読者によって支えられている『アルプ』はしばらくすれば必ずもとにもどるという確信があったからである。

結局『アルプ』は一九六四（昭和三十九）年十一月の第八一号から買切り制になり、以後三〇〇号の終刊までこの制を通すことになる。

まえに書いた、久保井理津男氏が社長をしりぞいて会長になってから著述した回顧録『一出版人の歩いた道』に、『アルプ』の終刊について述懐した箇所があるので、偽りない内部資料としてそれを参考までにここに引用しておこう。

《『アルプ』の発行は暫《しば》らく前より重荷にはなっていたが、真面目な先生方の編集で、また自然を愛する美しい心根《こころね》の多くの読者に支えられているので、どうせ初めから赤字をかかえても出版して行く学術書の出版社なんだから、『アルプ』の一点ぐらいどうと言うことがないという心算で刊行を続けて来た。だがこの二十五年、執筆者も読者も新陳代謝がなされてこなかった。時代は激変し、この牧歌的世界から離れて行く人も目立つようになってきた。決断をしなければならない時がきた。この雑誌をこよなく愛し、編集をつづけて来た串田先生や尾崎先生、何時《いっ》お目にかかってもホノボノとした気持と暖かさを与えてくれる畦地先生や辻先生（……）、何よりも一番つらいのは編集長の大洞君だ。どちらを向いても固いものの編集や校正の中で、息抜き出来るオアシスと、創刊からこれまでこよなく『アルプ』を愛した大洞君にとっては、『アルプ』の終刊は堪えられない痛恨事であったに相違ない。学界の状況も根本から変わり、読者もさま変わりし、これからの学術書出版の道がいよいよ狭き道となりつつある現在、毎号が経営の重荷になっているのなら、何時の日にか打ち切らなければならない。うらまれようが、苦言を呈せられようが、全体をそして将来を見通し最後の断を下すのはわたしなのだ。創文社だからこそ、創文社が学術出版社だからこそ、二十五年もの間継続出来たのだ。わたしにだけしか判らない事があまりにも多いが、胸にしまっておこう。『アルプ』は終刊をおしまれながら三〇〇号の特集号で幕を降ろした。》

この「創文社が学術出版社だからこそ、二十五年もの間継続出来たのだ」という久保井会長の述懐は、たしかにそのとおりだと思う。『アルプ』が表看板の雑誌である出版社であったら、この〝儲からない雑誌〟はとうに途中で投げ出されていただろう。お堅い学術書専門の出版社である創文社にとって、『アルプ』は「息抜き出来るオアシス」、いってみれば余技的な出版物であったからこそ、四半世紀もの永きにわたってその存続がゆるされたのである。

前掲の『プリンティング・インフォメーション』に載った「月刊誌『アルプ』の終刊に寄せて」という長文の経過報告のなかで、久保井さんは、編集委員の努力と、熱心な読者の支持に深い謝意を表し、《初志通りきれいな誌面を継続できましたことは本当に幸せなことでした。》と述べているが、その「きれいな誌面」の裏には、右にみたような社業経営者のおもてに出ない心労があったのである。

なお参考までに、久保井会長に調べてもらった『アルプ』終刊のおりの正確な発行部数をここに明記しておく。

第二九九号の印刷部数は四〇〇〇部で、実売部数は三二〇〇部（取次への定期配本と直接申込みの定期講読者への部数を合わせたもの）。

終刊の第三〇〇号は印刷部数五〇〇〇部で、これは完売している。

第三〇〇号ができあがったとき、われわれ四人の編集委員は久保井社長に招待されて、一番町の創文社の近くの丹波屋で上等な鰻料理をたべた。大洞さんはもちろん一緒で、大谷君も、内田耕作さんも同席したと思う。鰻はうまかったし、みなの顔もにこやかだった。

〃めでたい終刊〃を祝う、思い出に残るなごやかなひと時であった。

第十三章　『アルプ』が遺したもの

前章でみたように、『アルプ』は山の文芸誌としての時代の役目を終えて静かにその幕を閉じた。閉じた幕がふたたび開くことがなければ、あとはただ過去という時間のなかに埋もれて消えてゆくのが通常の定めだが、『アルプ』の場合は思いがけないことに、その影響が具体的な形となってそのまま残ることになった。『アルプ』が語り遺したものを次の世までも伝えたいという一篤志家があらわれて、『アルプ』に発表された生原稿や原画を保存し、展示する立派な施設が造られたのである。その施設の名は「北のアルプ美術館」。場所は北海道知床半島の付け根にある斜里町で、設立者は同町在住の山崎猛氏である。

この山崎氏の履歴と、「北のアルプ美術館」を設立するに至るまでのいきさつを、やや詳しくみてみたい。

＊

山崎猛氏は一九三七（昭和十二）年に、北海道江差《えさ》しに近い乙部《おとべ》村（現在は乙部町）に生まれた。地元の中学を卒業した五三年四月、斜里町で書店をいとなむ遠縁の人の店で働くためにこの町に来た。住込みの、いわゆる丁稚奉公《でっちぼうこう》である。書店の仕事といっても、

1992年、北海道・斜里に開設された「北のアルプ美術館」

2階の展示室

『アルプ』が遺したもの

「北のアルプ美術館」を創設した山崎猛

1992年6月13日、開館記念に集まった、左から永野、三宅、山口、大谷夫妻、永野美恵

山梨県北杜市にある「日野春アルプ美術館」

写真協力＝

公益社団法人
日本山岳会

株式会社 創文社

北のアルプ美術館

深田久弥山の文化館

公益財団法人
土門拳記念館
（撮影＝土門拳）

奥野幸道

ほか『アルプ』関係者

店に来る客に応対するというよりも配達が主で、夏はリヤカー、冬は橇《そり》を使い、朝の六時から夜の九時まで働きつづける肉体労働だったが、もともと書物が好きで、それと親しめる生活はそれなりの充実感があったという。

そんな生活のなかで、ある時ふと手にとったのが雑誌『アルプ』の創刊号だった。「衝撃的な出会いだった」と、山崎氏は言う。「この雑誌がわたしの人生を変えた」とも語っている。まさにそれは運命的な邂逅だったといってよい。

一九六六（昭和四十一）年に、山崎氏は十四年勤めた書店を退職し、独立して、コピー機などの事務機器を販売する会社を設立し、事業家として成功をおさめる。そのあいだにも、『アルプ』の読者として一号も購読を欠かすことはなかった。

八三年、その『アルプ』が三〇〇号で終刊したとき、山崎氏の胸に、『アルプ』の語り遺したもの、その精神の遺産を後世に伝えるために、この雑誌の原稿・原画を保存し公開する施設を造りたいという想いが、卒然として湧き起こった。二十歳のときから二十五年、人生の大半を心の支えとして生きてきた雑誌の終刊である。山崎氏の決意は固かった。

美術館の建物は、旧三井農林斜里事務所が社員寮として建てて、いまは使われなくなっている洋館に目をつけた。が、金額の折合いがつかず、買取りは難航。あきらめきれずに再度交渉したが、またもや不首尾におわる。ライバルまで現れたが、まさに私財を投げうつ気持ちで相手より高い金額を提示し、ようやくにこの建物を一九〇〇坪の土地ごと手に入れることができた。

美術館の建物は『アルプ』にふさわしい外観・雰囲気のものでなければならなかった。そのために、くすんだピンク色の外壁はグレイがかったダークグリーンの深い色板に変えた。壁にそって造られた暖房用の四角く細長い六本の煙突は、煉瓦を張って落ち着いた感じをだした。広い敷地には瀟洒なロッジ風のゲスト・ハウスを造り、本館の前には、とんがり帽子のような三角屋根をのせた童話風のかわいらしい公衆電話室も設けた。自然の美術館にふさわしく庭には白樺やナナカマドの林をつくって、それが建物の外観とよく調和するようにした。

この施設の着工にさきだって、山崎氏は上京して串田家を訪ねている。美術館設立の趣旨・計画を熱心に串田に説明し、『アルプ』の名称を使用する許可と、資料収集の協力を懇請している。

この訪問後、ほどなくして大谷一良が斜里にやって来た。串田と大洞は、山崎の計画に疑義はなかったが、ただ東京から送る原稿や原画が将来、万が一散逸するようなことがあっては、という危惧がなくはなかった。そのことを確かめるべく、二人の依頼をうけて大谷が現地にむかったのである。大谷は山崎と話し合って、その心配はないことを確認し、あとは美術館になる建物や敷地を案内してもらい、帰京後、その調査結果を串田と大洞に報告した。串田はその報告を聴き、自分の作品の原稿類を大きな段ボール箱に詰めて山崎のもとに送った。

作品資料の収集では、『アルプ』の編集長だった大洞正典の貢献も大きい。美術館の工事が始まって一年ほどたって斜里にやって来た大洞は、現場の状況を見て、ただちに創文社に連絡し、社に残っている『アルプ』関係の原稿や原画を、すぐさま斜里に送るように手配した。もとの原稿はおおかたは焼却することになっていたが、それでもかなりの量の原稿がそのまま社に残っていた。それが、在庫の『アルプ』のバック・ナンバーとともに、すべて山崎の手もとに送られてきたのである。そして大洞正典のこのゆきとどいた配慮が、美術館の作品コレクションの大きな基礎になった。

＊

一九九二（平成四）年六月、「北のアルプ美術館」が開館した。八三年に『アルプ』が終刊して山崎氏が美術館の設立を思い立ってその完成を見るまでに十年の歳月を要している。その間《かん》、串田、大洞氏だけでなく、幾人もの『アルプ』関係の有志から作品の提供をうけている。

開館式のおこなわれた六月十三日、東京からの『アルプ』関係者は、大谷一良（夫妻）、三宅修、永野英昭（夫妻）、山口耀久の六名が参列した。地元はもちろん、各地からの大勢の招待者に祝福されて、山崎氏の心配りのゆきとどいた晴れやかな開館式であった。

この日、初めて美術館を目にしたわたしの率直な感想をいえば、なんとまあ品のよい雅趣に富んだ美術館だろう、ということである。改造された建物のたたずまいも色調も落ち着いた感じで申し分がなく、規模も『アルプ』にふさわしくつつましやかで、そこには洗練された格調のようなものさえ感じられた。この施設は『アルプ』の心の灯《ひ》をのちのちまで点《とも》しつづけたいという熱意が結晶した、山崎氏の〝作品〟だという気がした。

特記したいことは、この私設美術館は入場無料ということで、できるだけ多くの人に観てもらって『アルプ』の精神にふれてもらうのが、その趣旨なのだという。

残念なことは、この記念すべき開館式に串田さんの参列が得られなかったことだ。体調がかならずしも良好でなかった串田さんには、たとえ空路によるにしても北海道斜里は遠すぎたのかもしれない。式典をおこなった庭の、美術館の入口のところに「祝・串田孫一」の名を記した花束が飾られていたが、その名前の肩書きが「アルプ編集委員一同代表」とあったのは、いかにも串田さんらしい配慮であった。

開館の式典に来られなかった串田さんは、だが次のような祝いのことばを寄せている。

「北海道の斜里の、この美術館のあるところから、病める地球が見事に癒されて行く爽やかな緑が、先ず人々の心に蘇り、ひろがって行くことを願っている。」

これはまた山崎館長の願いでもあった。

『アルプ』の主幹だった串田さんは、当然この美術館の精神的主柱でもあったわけだが、二〇〇五（平成十七）年に他界するまで、ついに一度もここを訪れる機会がなかった。だが美術館の入口を入ると、微笑みをたたえた串田さんのブロンズの首の像（作・西常雄）が、訪れた客を迎えてくれる。山崎氏が串田邸に伺ったとき、この首の像を見て、ぜひ美術館に飾りたいと思い、そのことを願い出ると、串田さんはいとも簡単に「いいよ」と言い、その場で山崎氏がいただいて、だいじに抱えて運んできた作品である。串田さんが亡くなってみれば、納まるべきところに納まったという感がある。

この美術館の作品収集の最大の貢献者である大洞正典氏も、残念なことにこの開館式には来られなかった。しかし亡くなるまえに一度、義姉に付き添われて車椅子に乗って斜里を訪れ、完成した「北のアルプ美術館」を目にすることができたのは、『アルプ』関係のわたしども一同にとって心安らぐことであった。編集者としてあくまで〝黒衣《くろご》〟に徹した大洞さんは、友人・知人の追悼文のようなわずかな文のほかは、作品といったものはなにひとつ遺さなかったが、美術館の一室の壁には「生涯未熟」の四文字を達筆な太字で書いたかれの色紙が一枚飾られている。謙虚で友誼に厚かった大洞正典氏の人柄をよくあらわす言葉であり、誠実な文字である。

山崎館長によれば、この美術館の訪問者は年輩者よりも若い人たちのほうが多いのだという。わざわざ美術館を訪れるために斜里に来る人もいれば、知床の観光のついでに立ち寄る人もある。いずれにしても、来館者たちがここで自然の大切さを識り、なんらかの感銘をうけてくれれば、それがかれの悦びであり、生き甲斐なのだと言う。

山崎氏は現在、二年まえに亡くなった串田さんの遺族の申し出をうけて、串田さんの書斎兼仕事部屋を、本館に隣接して復元する作業を着々と進めている。八畳の広さの部屋をぎっしり埋めていた大量の本、その他の用具類は、東京小金井の串田邸からすでにほとんど移送が完了した。復元の完成は五年後になる予定だと山崎氏は目を輝かせる。果たさなければならぬ夢が、また一つふえたわけである。

＊

斜里に「北のアルプ美術館」ができてから、それとは別に、もう一つの『アルプ』美術館がうまれた。山梨県北杜《ほくと》市の「日野春アルプ美術館」がそれである。開館したのは一九九八（平成十）年で、「北のアルプ美術館」設立の六年後、設立者は鈴木伸介氏である。

この人も北海道の出身で、四四（昭和十九）年に札幌に生まれた。小樽商科大学を卒業後、家電メーカーに勤めたが二年で退職し、東京経済大学の図書館員として二十九年間勤め、五十六歳で退職して、日野春駅に近い現在の長坂町に新居をかまえ、ここに移り住んだ。愛読した『アルプ』が終刊して、山小屋風に建てた自宅を『アルプ』の作家たちの作品展示場にしようと考えたのは、それまでに集めた絵画が『アルプ』関連の作家のものが多かったこと、それに斜里で開館まもない「北のアルプ美術館」を見学したことも主な契機になっている。斜里の美術館にくらべれば展示作品の量は及ぶべくもないが、鈴木氏が好きで買いもとめ、知人からも寄贈をうけた北海道の画家・坂本直行氏の絵を多数収蔵していることが、この「日野春アルプ美術館」の特徴になっている。

その規模と志の大小はともあれ、この美術館は斜里の美術館の姉妹館でありたいと鈴木氏は言う。これからも、いっそうの内容の充実をはかりたいとも語っているので、今後の発展に期待したい。

＊

『アルプ』が遺したものとしては、右に書いた「美術館」とは別に、この雑誌から生まれた「本」のことがある。『アルプ』を発表の舞台として作品を書いた寄稿者たちの、それぞれの作がまとめられて、何冊もの本になって遺ったのである。ここではそうした作者の主なケースをとりあげて、いくらかのことを書いてみる。まえに書いたことと重複するところがあるだろうことを、あらかじめお断りしておく。

辻まことさんは、既述したように『山からの絵本』、『山の声』、『山で一泊』の三冊の山の本を生前に遺した。いずれも後世まで愛読者を失わないだろうと思われる愉しい名著で、内容はどれもほとんど『アルプ』に発表された作品が主になっている。

確言していいが、辻まことという人はありあまる才能をもちながら注文がなければ仕事をする人ではなかった。その辻まこと氏に、はじめて山の作品の制作を依頼したのは『アルプ』である。その依頼に応じて辻さんは第五号にはじめて「ツブラ小屋のはなし」の画文を寄せ、それがきっかけで次つぎと作品を『アルプ』にかかされることになる。つまり、もし『アルプ』がなかったならば辻まことの山の本は生まれなかったにちがいない、というわけである。このことは『アルプ』の手柄だった、と自負することがゆるされるだろう。

『アルプ』が作品発表の初舞台で、その後大輪の花を咲かせた寄稿者としては、宇都宮貞子さんがいる。宇都宮さんはその作品の〝投稿〟が縁で『アルプ』の執筆者の常連になり、草木にかんするエッセーを綴って多くの著作を世に送った。『アルプ』終刊号に宇都宮さんは「草木ノート(25)」を書き、その後書《あとがき》にこう述べている。

《この「草木ノート」は『アルプ』が創刊された翌年の三十四年から掲載が始まって、年に一回宛、丁度今回で『アルプ』の年齢と同じく二十五回となった。／漠然と、呆《ぼ》けて書けなくなるまでは続けるつもりでいたが、思いもかけないことになってしまっ

た。『アルプ』のお蔭で世に出られたわたしには、感慨無量のものがある。》

霧ヶ峰でコロボックル・ヒュッテを営む手塚宗求君も、『アルプ』を初舞台にして世に出たひとりである。大洞編集長からの原稿依頼状を受けとると、うれしさとともに、身が引きしまる思いがしてペンを執るのが常だったという。わたしはかれの一本気で正直な性格は、尾崎喜八のまじめさを受けつぐものだとみており、それはとりわけ、かれの初期の文章によくあらわれている。

近藤信行さんの『小島烏水』の評伝も『アルプ』から生まれた労作であり、泉靖一さんの『遙かな山やま』の自伝もまたおなじだといえる。どちらも、おそらく『アルプ』の連載がなければ完成されることはなかった。二書とも著者の努力の結実であることはたしかだが、長い連載を無条件でゆるすような営業雑誌は『アルプ』以外にはちょっと考えられない。作者と編集者の無言の信頼関係が、このようなかたちで良書を産んだのである。

吉野せいさんの『洟をたらした神』については、あらためてここに繰り返さない。ただこのような〝すごい本〟の最初の作品を載せたのが『アルプ』だったということは、この雑誌の栄誉であったとは書いておきたい。貧窮とたたかいながら土にしがみついて生きた人間の記録は、崇高ともいえる真実の力で、いわゆる「プロレタリア文学」などの枠《わく》を超える魂の文学になっている。あれこれと不平不満をならべながら、なまぬるい中流意識の過消費の生活にぬくぬくと自足しているこの国の人間には、吉野さんのこの本は爆弾のような衝撃力をもつだろう。

『アルプ』から生まれた本には、これらのほかにも、まえに書いた朝比奈菊雄氏の『アルプス青春記』、田中清光氏の『山と詩人』、蜂谷緑さんの『常念の見える町』などがあり、そのほかにも好著は少なくない。

自讃めくが、一つの雑誌に発表された文章がまとめられて、その作者の本になって出版されたことでは、山の営業誌で『アルプ』を抜く雑誌はなかったと思う。これまでにいくつもの山岳雑誌が、山の紀行文や随筆を載せた。しかし、それが一人の著者で一冊の本にまとめられることは、ほとんど稀だった。作品の量に不足はなかったが、一本を充たすに足りる質が寡少だったのである。その点『アルプ』はめぐまれていた。ここでその一覧を試みる余裕はないが、『アルプ』に掲載された作品をまとめたそれぞれの作者の本は、創文社刊行のそれ以外にも、かなりの数にのぼるはずである。

『アルプ』の親しい仲間たちが作った三巻の『山のＡＢＣ』もふくめて、『アルプ』の遺産としては、そこから生まれた本のことが、まず第一にあげられるであろう。

＊

『アルプ』がその人間の生き方を決めたということでは、斜里の「北のアルプ美術館」の山崎猛氏の場合が典型的だが、串田さんを除く四人の編集関係者も、『アルプ』に係わったことでそれぞれに人生上の大きな影響をうけている。

大谷一良君は、総合商社の社員として勤めながら版画の制作にいそしみ、退職後は版画一筋の道を歩み、各地での個展を催している。私家版のいくつもの限定版画集のほかに、『心象の山々』（恒文社）という詩画集もあるが、趣味的な同人季刊誌『まいんべるく』の挿画《そうが》を別とすれば、かれのながい版画生活の第一歩を公《おおやけ》にしたのは『アルプ』である。『アルプ』を発表の舞台にして、その表紙や口絵、カットをえがくことで、わざをみがいた。かれは畦地梅太郎氏を版画制作の師としているが、作風はまったく異なっている。畦地さんの画風がどっしりと身についた土俗性にあるとすれば、大谷版画の作風ははるかにスマートで、装飾的ないし都会的である。かれはまた詩文をよくし、串田さんから五十年にもわたる人生上のつよい影響をうけていて、まちがいなく『アルプ』

の卒業生のひとりだといえる。

『アルプ』の創刊号から終刊号まで編集に係わった三宅修君は、第七四号で創文社の社員としての身をひき、プロの山岳写真家をめざす仲間たちと日本山岳写真集団を結成して、その代表となった。押しも押されもせぬ山岳写真家であり、『アルプ』の写真ページの采配はすべてかれひとりに任されていた。近年では、谷文晁の『日本名山圖會』に収められた八十八座の山を、文晁が描いた場所と同定できる箇所から撮影した『現代日本名山圖會』というユニークな本を、実業之日本社から出版している。写真家とエッセイストが一体となった、三宅君ならではの労作である。大谷君とおなじく、かれもまた〝串田教室〟の模範生だということができよう。

岡部牧夫君は、編集委員のなかでは格別に年少であるにもかかわらず多才の人物で、社会科学の専攻者でありながら、童話のたぐいから自然環境問題、国際関係をあつかった現代史の領域にも考究の領域をひろげている（講談社学術文庫『満洲国』の著作もある）。『アルプ』にはもっとも高い頻度で山や自然関係の紀行・エッセーを書いた。『アルプ』を回顧する『山と溪谷』二〇〇〇年三月号の記事には、《それら（アルプの編集経験）の積みかさねで、思わぬ人とのつながりがうまれ、文章と実務の能力をみがき、書誌や環境問題にもあかるくなった。すべてがいまのわたしに生きている。》と書いている。

不肖山口耀久についていえば、『アルプ』はわたしの文章修行の場だったことはまちがいない。非力のうえに怠惰なわたしは、それほど多くの作品は書けなかったが、それでも「アルプ選書」の一冊として創文社から出た『北八ッ彷徨』は『アルプ』に発表した作が内容のほぼ半数を占めているし、後年に平凡社から出た続篇の『八ヶ岳挽歌』は、書名になったこの一篇とわずかな小文二篇以外は、すべて『アルプ』に発表したものである。終刊して二十年以上たった現在でもなお『アルプ』がわたしに大きく影響していることは、いまこうしてこの雑誌にかんする拙文を綴っていることでもあきらかであろう。

第十四章　補遺として

以上で、『アルプ』という山の文芸誌の創刊から終刊にいたるまでの経過と、この雑誌の内容のあらまし、さらにこれに関連することどもを、いささかの管見と私的な思い出を混じえながら書いてきた。書き残したこと、書き足らぬところも少なくないと思われるが、それは筆者の力不足によるものと、みずからあきらめるよりほかない。

時代的にみれば、一九五八年の『アルプ』の創刊は、五〇年代半ばに始まる高度経済成長の初期にあたっており、八三年の終刊は、七三年の石油ショックによる高度成長の終焉から十年後のことになる。おおまかに括《くく》れば、『アルプ』の青・壮年期と思える前期の約十五年間はすっぽりと高度成長期と重なり、その後の十年間のゆるやかな退潮の晩期は高度成長の終りにともなう低成長の時期とほぼ一致するのである。(八〇年代後半の地価・株価の暴騰によるバブル経済の狂騒はまだ始まっていない。)

この時代状況が『アルプ』の盛衰とどう係わったかは、ここで深くは立ち入らない。だが良質な文章の書き手の不足の傾向は、山の場合とかぎらず、文芸書をふくめた文化一般の娯楽化の傾向と無関係だとは思えない。文芸書についていえば、筋のおもしろさで読者を刺激する娯楽的な読物が隆盛をきわめ、いわゆる〝純文学〟に属する真摯《シリアス》な作品は衰滅の危機に瀕している。グレシャムではないが、たしかに〝悪貨は良貨を駆逐する〟のである。

だが、娯楽本の流行ばかりではない。低俗なお笑いやゴシップ番組で視聴率をかせぐ多チャンネルのテレビジョンの普及が、この文化状況の低劣に大きな力をかしていることもたしかだろう。大衆うけをねらうこの電波媒体の盛況は、同時に本や雑誌、新聞などの紙文字媒体の低落の危機を生んでいるのである。

＊

『アルプ』終刊の事情などを考えていると、思わず深刻な社会事情にまで筆がおよんでしまったが、『アルプ』の編集を手伝ったひとりとして、最後に書いておきたいことがある。それは、これまで見てきたように多彩な文章が『アルプ』に掲載されたにもかかわらず「紀行文」が意外に少なかった、という事実である。創刊号に「神流川を遡って」を書いた深田久弥氏のようなすぐれた紀行文家がいなかったわけではない。しかしエッセー風の自由な散文形式の作品がいろいろと書かれたのにくらべて、正規な形式の紀行文は少なかったし、そのうちでも生彩に富んだ紀行文はわずかだったと、わたしとしてはいわざるをえない。

山の紀行文がおもしろくなくなったという不満は、すでに『アルプ』創刊に先立つ二十四年まえに、桑原武夫氏が「山岳紀行文について」というエッセーのなかで述べている。一九三四（昭和九）年、梓書房発行の雑誌『山』八月号に載ったもので、いまは平凡社ライブラリーの『登山の文化史』に収められている。

《このごろ毎月の山岳雑誌をうずめている紀行文を読んで、面白いと思うことはめったにない。しばらく山に背いているためかと思ったが、必ずしもそうではないらしい。ずっと山に精進している仲間に聞いてみても、ほとんど異口同音に紀行文はつまらぬという。これはどういう訳であろうか。文章が拙くなったからという人もある。いかにも小島烏水氏のような文章のかける人はいなくなった。しかし、初期の『山岳』をひらいてみると、随分たどたどしい筆致の方が多いのも事実である。書く人ばかりの罪ではない。恐らく書かれる山が変ってしまったのだ。》

たしかに、山は変わってしまった。ことに、すでに見たとおり戦後の好景気にともなう乱開発の山地の変貌はすさまじく、とても桑原氏の論説があらわれたころの比ではない。

日本山岳会が発足したころの探検登山の時代には、山の紀行文は登山家がみずからの体験を語ることで、同好の士に未知の山の状況を知らせるという情報伝達の意義をもっていた。そこには未知の扉を開いてそれに触れた者の歓びと驚きが率直なことばで述べられていて、文学的な修辞を凝らしたものも少なくはなかった。

だが山から未知の要素がなくなり、山そのものが変わる事態ともなれば、感激の度合が薄れ、それが文章の質の低下にもつながりかねない。ならば山の紀行文は因習の惰性でこのままずるずると生きのびるか、あるいはやがていつのまにか衰滅するか以外に道はないのだろうか。

前掲の桑原氏の文で述べられている意見はこうだ。

《それでは山岳紀行文はもはや生きる途がないのであろうか。そうではない。ただ山とわれわれとの関係が変って来た以上、それを取扱う方法も自ずと変らねばならない。単なる登高事実の報告や案内記としては存在理由のなくなった紀行文は、もはや文学としての紀行文となるより他はない。このことを素直に認めることが山岳紀行文を生かす唯一の途であり、その前途はむしろ大きい、とわたしは信じたい。しかしこのことは決して平凡な山行きを美辞麗句で飾り立てることを意味しない。われわれはいまだに花鳥風月的な紀行文の過剰にむしろ悩まされているのである。文学としての紀行文にはスタイルがなくてはならない。この場合スタイルというのは決して表面的な修辞学的意味においてではない。登山家に独特の登り方があり、それが文字にあらわれたところを言うのである。つまり、これからの紀行文には登山家の個性的なものがあらわれていなければならぬと言いたいのだ。》

ここでいう「独特の登り方」のことはさておき、登山家の個性が文章の個性としてあらわれることを期待しているのだが、文章の〝個性〟は作者の〝感性〟に依拠するところが大きいのである。感性とは、むろん個人的なもので、人によってその機能に優劣がある。通常、感性は若いころは鋭敏だが、年齢とともに鈍磨して類型的、つまり非個性的になる。感性が枯渇した類型的な文章ほど、つまらぬ文章はない。

若さにそなわる清純な感性を、定年までの勤勉な職務で擦り減らして、さて職を退いてからの人生の娯しみに山登りを始め、その成果として百名山完登の本など書いたとしても、それが他人が読んでおもしろいものだとはとても思えない。

感性は磨かなければ衰えてしまう。ならばどうやって磨いたらいいのか。山についていえば、五感を十二分にはたらかせて、山という大きな自然との交感を深めること、『沈黙の春』で知られるレイチェル・カーソンのことばを借りれば、自然への Sense of

Wonderをつねに失わないこと——それが最上の策であろう。それに絵や音楽、文学などに親しむことも、感性の深化に役立つことはいうまでもない。

*

感性のことをふくめて、ここに申し分なく新しいスタイルの紀行文の作例がある。『アルプ』四〇号に発表された串田孫一さんの「島々谷の夜」がそれで、もし『アルプ』に掲載された紀行文のうちから最良の一篇を選べといわれたら、わたしは躊躇《ためら》わずにこれを挙げる。ここに全文を掲載するわけにはゆかないので、まだ読んでおられない方は、同氏著の『山のパンセ』（岩波文庫、ヤマケイ文庫）に収められているそれを、ぜひ一読されることをお勧めする。

串田さんの山の作品は、どこの山でのことなのかはっきりしないものが多いと、さきに書いたが、この紀行文は題名を見ただけでその場所がはっきりわかる。

島々谷といえば、上高地に入るには、梓川沿いにバスが通うようになる以前は、島々《しましま》の集落からこの谷を通って徳本峠《とくごう》を越えるのが普通だった。変化の乏しい、未知の要素などすこしもない古い谷筋の道である。そして、むかしとほとんど変わらぬそんな平凡な山道でも、非凡な書き手によれば、そこから読者を魅了するすぐれた文学が生まれるという、これは好個の見本になっている。

題名のとおり舞台は夜道であり、明るい昼とちがって視界は限られている。とくに事件らしい事件にはなにも出遇わない。ただ闇に包まれた山中であるだけに、気持ちが散らされることもなく、冴えた感覚は外界の小さな変化にも敏感に反応する。「突然ジュウイチが鳴いた」ではじまる文頭の鳥の声、谷の上の尾根のようなところを「静かにころがるように移動」する薄く雲のかかった月、「小人数の室内楽」のように聞こえる谷の水音、ときどき道を横切るイタチのような小動物のこと、などなど……。

連れのない独り歩きだから、余計な気遣いにわずらわされることもなく、疲れれば道にねころんで気ままな空想を遊ばせたりもする。たとえばこんなふうに――。

《わたしは灯を道の曲り角に向けて、そこからひょっこりと、わたしの生命をおびやかす怪物が現われることを、頻《しき》りに想像してみたが、殆んど効果はなかった。怪物はあまり滑稽すぎたので、熊にしてみた。しかしこれも駄目だった。こんな時にわたしが想像する熊は、ちっとも狂暴ではなくて、恐縮している容子《ようす》だった。話をすれば通じるような熊しか考えられなかった。》

こんなように作者は余裕をもって谷筋の夜道を歩いており、右の空想や、折おり出遇うものごとの感じ方に、まぎれようもない作者串田孫一の個性があらわれている。

この紀行文を読んで、わたしが何よりも秀逸の感を覚えさせられるのは、文の全体に満ちている山の〝気〟である。作者はそんなことばは文中のどこにも使ってはいない。にもかかわらず、ジュウイチの声ではじまる最初の一行から、電灯が消えてしまったために野宿をよぎなくさせられる最後の数行まで、文中に満ちている幽寂の雰囲気は〝山の気〟としかいいようがない。

おそらく串田さんはそんな効果など計算せずに、ただ五感を全開させて、見たもの、聞いたもの、感じたことを、そのまま書いただけのことなのだろう。そしてそれが秀抜の効果をあげているのは、串田さんの身についた豊かな感性と筆の力によるものであることは、いまさらいうまでもない。

新しいスタイルの紀行文としてのこの「島々谷の夜」は、終末部の数行にそれがよくあらわれている。

谷の奥で流れにかかる丸太の一本橋を渡る途中で球が切れて電灯が消えてしまい、どうして橋から落ちなかったかはふしぎだが、とにかく向こう岸に渡ることができたものの、明りがなくてはそれ以上進むことができない。やむをえず水ぎわで野宿することになった気持ちを次のように書いて、この紀行文は終わっている。

《マッチをすった時に時計を見るのを忘れた。時間などはどうでもよかった。それから、さっき休んでいた時に、自分がなぜ夜を選んでこの谷をのぼって来たかということの続きを考えてみようかと思ったが、流れの音がわたしに何も考えさせようとしない。

それに、道を失い、その後で灯を失ったわたしは、全く夜に征服されてしまって、止むをえずここでぼんやりとひっくりかえっている。灯をつけて、せっせと歩いているうちは、夜が幻想を与えるものとして、あるいはわたしに試練を与えるものとして、ともかく考えの対象にもなるのだが、どうしようもない闇にこうしてしばられてしまっては、思索などは気取りすぎていていまいましい。

星が見えた。三つ見えた。白鳥が天頂の近くへ来ている。一時ごろだろうと思った。》

余韻を残して、さりげなく文を閉じるこの最後の行の筆の呼吸は、いかにも串田さんらしく、わたしはその至妙な効果に脱帽せざるをえない。

＊

すぐれた文章の主要条件として、ばかに感性のことにこだわってしまったが、いくら感性に富んでいても、それだけでは文章にはならない。文章という形をとるためには、〝描写〟の表現技術が必要であることはいうまでもない。

紀行文について話を進めれば、小学生でも遠足の作文は書けるのである。先生に引率されて電車に乗って目的地に着いて、見物をしたり弁当をたべたりして、また電車に乗って帰ってくる。——描写の技法になんか頓着しないそんな作文でも、いちおうは紀行文なのである。この、文字さえ知っていればだれでも紀行文は書けるという安易さが、人に感銘をあたえる文学作品としての紀行文を制作する妨げになっているのではないか。前掲の桑原武夫氏の文で指摘された〝面白くない紀行文〟が雑誌をうずめているのも、わたしにはどうもその安易さに寄りかかった執筆者の怠慢に一因があるように思えてならない。まえにもふれたが、尾崎喜八さんが、会社の社内報に載せるような常連の執筆者の気楽な紀行文をきびしく批判したのも、この安易さが生んだ馴合い的な文章の質の低下を、ひどく嫌悪したからである。

山の紀行文――それも人に共感や憧れや感銘をあたえる紀行文――を書くのは、けっして容易ではない。それは小説の場合とくらべればよく理解できるだろう。小説は人間を描くものであり、人間はさまざまな行動をし、さまざまな会話を口にする。いっぽう山の紀行文は山と人間の係りあいを描くことが主眼であり、しかしその山は動くことをしないし、話すこともしない。この非情の存在である山をどう描くか。そこに山の描写のむずかしさがあり、どんな山の紀行文でも、その山が書けていなければ、それは上等の作品とはいえない。どの山も性格がちがうのである。山がちがえば、その紀行文もその山の性格にふさわしい味わいをもたなくてはならぬ。そこに表現力・描写力の問題がある。

自然を描くことのむずかしさについては、〝小説の神様〟である志賀直哉も随筆「創作餘談」のなかで書いている。

《十何年か前松江の方の加賀の潜戸《くけど》といふ所を見に行く途中、船の中でハーン(註・ラフカディオ・ハーン＝小泉八雲)の其處《そこ》を書いた物を読みながら行つたが、書き方が如何《いか》にも誇張してあるやうで、わたしは少し満足しなかつた。所が實際其場に行つて見ると、それ程強く書いてあつて、受ける感じから云へば未だ足りない位で、自然そのものはもつと強い力で迫つて来るのを感じた。そして自然から迫られるだけにそれを強く現さうとするのは大變な事だと思つた。》

たしかに自然を描写するのは大変なことなのである。まして、おそらく志賀直哉が見に行った場所の自然よりも、もっと強い力で迫ってくる山の自然を表現するのは、志賀直哉がそこで感じた「大變な事」以上に大変なことなのである。その〝大変なこと〟で作者の描写の力量が試されるのである。

ヒマラヤの登攀記にしても、未踏の山のそれは挑戦する登山家の心理や行動とともに、ヒマラヤの山の大きさ・凄さが、読者の胸を震わすまでに生き活きと描かれていた。モーリス・エルゾーグの『処女峰アンナプルナ』（近藤等訳、白水社刊）や、ウィルフレッド・ノイスの『エヴェレスト―その人間的記録』（原題『サウス・コル』、浦松佐美太郎訳、文藝春秋新社刊）を読んだときの興奮は、いまだに忘れられない。これはわたしばかりではないと思う。未踏峰初登山時代のヒマラヤ本には、熱い情熱の対象としてヒマラヤそのものが描かれていて、それが読者の心をも熱くしたのである。

だが開拓期の初登頂時代が終わると、アルパイン・スタイルの登攀記は別として、大がかりの遠征隊の記録はチームの行動の〝説明〟にばかり記述がついやされて、肝心の山の描写がおろそかになる。ヒマラヤが描けてないヒマラヤ本は、ヒマラヤ本とはいえず、読んで熱くもならない。描写力の劣化は、こんなところにもあらわれている。

誤解を避けるために言い添えれば、わたしはなにも大上段の気構えで山の文章にとり組むことばかり奨励しているのではない。そういうしっかりした気構えを要する山の紀行文はたしかにある。だがヒマラヤなどの本格的登山は別にして、国内の山の愉しい紀行文はもっと書かれていい。その際、過度の気構えはかえって愉しみを減殺《げんさい》するマイナスのはたらきをするだろう。山の紀行文といっても、その山の細部まで克明に書く必要はない。素描の軽いタッチで、その山の性格を淡彩風に描いたほうが効果的な場合もあるし、その山の雰囲気といったものを暗示的に表現する手もある。だいじなことは、その山の性状と、それに感応した自分の気持ちにぴたりと合致する正確な表現を見つけだすこと。

山の文章と限らず、文章というのは書き足らなければ物足りないし、書きすぎればばくどくどと重苦しくなる。その過不足の加減を調整する技《わざ》を身につけるのも、文章の修練というものなのであろう。

最後に、すぐれた描写の一例として、『アルプ』一一号に載った尾崎喜八さんの文の一節をここに掲げておきたい。「狐」という題名どおり、これは山登りのことではなく、偶然に出遇った野生の狐の観察記である。尾崎さんの富士見在住時代の一挿話で、住まいの山荘の森を出た詩人が、雪の消えた南側の斜面に腰をおろして好きなフランスの作家の本を読んでいたとき、浅い沢をへだてた向いの森に一匹の狐をみつけた。（余談だが、わたしの富士見高原療養所在院中によく散歩に行ったのがこの森で、わたしはたわむれにそこを「狐の森」と呼んでいたが、そこにほんとうに狐が現れたのである。）

尾崎さんにとって、富士見に来て初めての経験で、すばやく相手までの距離を百メートルと目測して、首から下げた双眼鏡でとらえた狐の相貌と行動を、次のように活写している。

《狐は遠くの何かに気をとられているように、沢の下手のほうをじっと見ていた。甲斐駒の空にかたむく三月の晩い午後の日を浴びて、金色がかった白い枯蘆《かれあし》の中に立っているかれの全身や長いふさふさした尾を包んだ焦茶色の毛が、ほとんど赤く燃えていた。やがてかれはこちらを向いた。その少し前からこっそり一株の野薔薇《のばら》の陰へ身を移していたわたしは、かれに気付かれずに双眼鏡の中でかれと対面することになった。顎《あご》の張った尖った顔、上眼づかいの切れ長の眼、秋の樺の葉のような三角の耳、怜悧で精悍でけものとしての品位をそなえ、静寂と孤独をまとった野性の美貌。これがほんとうの狐だった。息を呑んで隙見《すきみ》しているわたしのほうが、人間の狡《ずる》さにむしろ恥かしくなるような狐というものの真相だった。
　かれは犬がするのと同じに「クン」と鼻を鳴らすようなことをし、それから綺麗な歯並を見せて一度だけ裂けるばかりに大きく口をあけ、そしてゆっくりと優美に崖下の藪の陰へと歩み去った。》
まことに狐という野生のけものの姿態・面貌とその動きが、ありありと目に見えるようではないか。まさに描写の範というべき完璧さで、その精緻で正確な描写は余人の追随をゆるさない。
　この文章が書かれたとき、尾崎さんはたしか六十六の年齢をむかえていたはずである。それにもかかわらず感覚の衰えはいっこうにみえないばかりか、かえって年齢による成熟の度が深まって、これだけ精妙な表現を成しうることに、わたしとしてはただ敬服のほかはない。

あとがき

山の雑誌『アルプ』について一冊の本を書いてもらいたいと、山と溪谷社編集部の神長幹雄氏から話があったのは、いつ頃のことだったろうか。山と溪谷社が芝の大門《だいもん》近くのビルであった頃だから、もう十五年くらいまえだったかもしれない。憶えているのは、社の近くの高級な豆腐料理屋につれてゆかれ、そこで神長氏から正式に執筆の要請があったことだ。気の弱いわたしは、高級料理を食わされて断るわけにゆかず、やむなく承諾を口にしたものの、肚の中では正直、ナマ返事のような気持ちであった。

そういう経過があったのだが、こちらは別の仕事に追われていたので、どうも『アルプ』のほうに気が回らず、神長氏も忙しいのか強制的な催促もないまま、ずるずると年月が経ってしまった。

そんなわけで、この企画はながれてしまったのかと、ひそかに解放されたような気持ちになっていたところ、書下ろしの単行本ではいつとりかかるのか判らないと、わたしの怠慢を見てとったのか、月刊誌『山と溪谷』に連載で書くことを強要された。いったん引き受けた以上は要請にしたがわざるをえない。連載は二〇〇六年四月号からと決まり、そろそろ資料集めの準備にとりかかった。第一回の原稿の締切りは二月二十日であった。

ところが、前月、一月二十二日に、五十余年の人生を共にしてきた妻の久子が死去した。原稿の締切りまでは一ヵ月ほどもない。執筆を延ばしてもらって雑誌にアナをあけることは許されぬ。ここで連載の開始を放棄すれば妻の霊が悲しむだろう、との想いだけで、わたしは原稿用紙にむかった。頭の中はもうくしゃくしゃで、それが文の乱れに表れないようにするのが精いっぱいだった。

そんな事情のもとに始まった連載だから、あらかじめ確たる構成を考える余裕もなく、思いの向くままにペンを運んで、翌二〇〇七年の六月に、十五回におよぶ連載をいちおう終わらせることができた。

だが、それからあとが大変だった。資料調べが不充分のまま毎回の原稿を渡していたので、それをそのまま本にするわけにはゆかない。友人・知人の助けをかりて資料を補充し、読みこみ、まとめ、不備だらけの文章を書き改めるのは、まったく大変な集中力と忍耐が必要だった。連載終了の二〇〇七年から現在まで六年余の歳月が経過しているのは、わたしの能力不足はもちろんのことだが、体の調子をこわしたり、途中でなんども頭の電池が切れたり、怠けたりして、仕事の中断をよぎなくされたためである。

ともあれこの本の執筆は、八十六歳の老体には全くきつい仕事であった。

連載終了後の六年間に起きた、『アルプ』関係の主な出来事を次に追記しておきたい。

二〇〇五年七月に亡くなった串田さんの三回忌にあたる二〇〇七年七月、『アルプ』番外の〇号として「特集　串田孫一」が、山と溪谷社から刊行された。執筆者六十四名、年譜・著作目録付き、A5判三四九ページの大冊である。

一九四一年生まれで、編集委員中もっとも年下であった岡部牧夫君が、二〇一〇年に亡くなっている。享年六十九歳であった。

創文社会長・久保井理津男氏が二〇一二年五月、九十八歳で逝去。氏の在世中にこの本を呈上することができなかったのは、わたしの非力の致すところで残念でならない。

なお、この本の第二章で創文社の事業にふれて、トマス・アクィナスの『神学大全』の翻訳出版のことをとりあげ、「このままの刊行ペースでゆけば、本年九十二歳をむかえる久保井会長の存命中にはとても完成するとは思えない……」と書いたが、この予想はみごとに外れ、二〇一二年の九月に全四十五巻の刊行を完了している。発刊からじつに半世紀におよぶ大事業であった。最終回の刊行は会長の死の四ヵ月後だが、全巻の翻訳は前年の秋に完成していたから、会長の在世中に完訳の夢は叶えられたわけである。

北海道斜里の「北のアルプ美術館」に、小金井市緑町の串田さんの書斎・仕事部屋を復元する作業が、二〇一二年に完了した。山崎館長の夢がまた一つ大きな実を結んだわけである。六月十五日にその完成を祝う会が開かれ、串田孫一さんの記念植樹がおこなわれた。その会には東京から集まった『アルプ』関係の者たちも含めて五十余名が出席、盛大に完成を祝った。この年はまた、「北のアルプ美術館」が開館二十周年を記念する年でもあった。

二〇〇八年の夏、わたしは山崎氏の好意で、この美術館の白樺林のなかにあるロッジに二ヵ月間滞在して、この本の執筆の仕事をすることができた。奥さんの千寿子さんが作ってくださる三度三度の食事をいただき、雑事に煩わされぬぜいたくな日々をすごすことができたのはありがたかった。そのときのご夫妻の好意は、斜里でのいくつかのよい思い出と共に忘れることができない。

このお二人のほかにも、本書の執筆には、資料の調査・提供などで、多くの友人・知人の援助と協力があった。ここに順不同のまま芳名を連記して、こころからお礼を申しあげる。

杉本賢治、山室眞二、久保井理津男、三好まき子、小林賢一郎、大谷一良、松本弘子、

梅本知榮子、大森久雄、横山厚夫、篠田 素、三宅 修、上田茂春、内田 亮、平野幸男、高辻謙輔、串田光弘、澤田 眞、黒田正雄の諸氏。これらの方たちの力添えがなかったら、この本をこのような形でまとめることはまず不可能であった。

ともあれ、これでやっとこの仕事は終わった。文中にも述べたことだが、筆者としてはなによりも資料としての記述に重きを置いて、できるかぎり事実の認定の正確をこころがけたことは、改めてここにも書いておきたい。

だが、そうした記述の客観性とは逆に、とりあげた執筆者とその作品の評価については、じぶんの所感どおり主観的な表現にならざるをえなかった。当り障りのないことばで、適当にことを済ませる方法をわたしは採らなかった。とりわけ、ネガティヴな評価の場合に、あからさまな主観の表出は著しいが、そこでの評言の当否は読者の賢明な判断にゆだねるしかない。

最後に、勝手な注文をだしていろいろと面倒をかけた編集担当の神長幹雄氏に、「どうもご苦労さんでした。ありがとう」と、衷心からの慰労と感謝のことばを申し添えたい。

二〇一三年秋

山口耀久

解説『アルプの時代』を読む

布川欣一

〈文芸的な山の雑誌〉豊饒の二十五年

山の文芸雑誌『アルプ』の創刊は一九五八（昭和三十三）年三月、月刊誌として刊行二十五年、八三（昭和五十八）年二月、三〇〇号を出して終刊した。版元は学術書出版の創文社、編集スタッフは串田孫一を中核とし、尾崎喜八を顧問格に戴き、実務は大洞正典を編集長に三宅修が七十四号まで担当、以後は串田、三宅と岡部牧夫、本書の著者・山口耀久の四人が編集委員として参画した。

『アルプ』創刊二年前の一九五六（昭和三十一）年、政府の『経済白書』が「もはや戦後ではない」と胸を張り、活況（神武景気）から高度成長へ歩み出し、年末には国際連合加盟を果たす。この国は、第二次世界大戦敗戦後の歴史にひとつの時期を画した。

登山界では同じ五六年五月、槇有恒が率いた日本山岳会の第三次隊が、日本人初の八〇〇〇メートル峰マナスルの初登頂達成。その記録映画『マナスルに立つ』が熱狂的に迎えられ、空前の登山ブームを招く一因を成す（ちなみに一九五三年五月、イギリス隊が世界最高峰エベレストに初登頂）。以後、大学山岳部を母体とするヒマラヤ登山が相次ぐが、その担い手の多くは、戦前、山岳部で極地法の習得に励み、戦争を生き抜いたＯＢたちだ。五七年二月から始まった南極越冬にも山岳部ＯＢが参加して経験を活かした。

一方、組織にも経済力にも時期にも恵まれぬ社会人登山家たち。情熱を国内の岩壁登攀に向け、やがて積雪期初登攀を競い合う。一九五七年三月の前穂高岳北尾根第四峰正面壁の二ルート、谷川岳一ノ倉沢滝沢本谷、翌五八年一月の北岳バットレス中央稜などがそれだ。これらは、組織を異にしながら技術を信頼しあってザイルを結んだ、社会人クライマーが挙げた成果である。こうした蓄積を経て第Ⅱ次ＲＣＣ結成に至った。

現代では想像しにくいが、小説・映画・山岳書などもまた、登山ブームを呼びおこす因となった。その筆頭は井上靖の小説『氷壁』で、五六年二月から翌年八月まで『朝日新聞』が連載、十月に単行本出版、翌五八年に映画化、これも広く受け容れられた。その他、エルゾーグ、ブール、ヒラリー、槇らのヒマラヤ登頂記、レビュファ、レイ、コストらのアルプス登攀記、畦地梅太郎、坂本直行、上田哲農らの画文集、串田の『山のパンセ』『若き日の山』などが洪水のように押し寄せた。山岳雑誌は、戦前から続く『山と溪谷』『山と高原』を追う『岳人』、『アルプ』と同年創刊の『岩と雪』のほか、低山趣味の諸誌がひしめいていた。

週末の夜、新宿駅、上野駅のホームは大きなキスリングザックを背負って夜行列車を待つ若者たちが、立錐の余地もなく並んだ。夜行バスの運行も盛んにおこなわれた。が、わが『アルプ』は、そんな〈登山の大衆化の盛況にも、第一線の先鋭登攀の華ばなしい活動にもほとんど無関心だった〉。登山活動の山域も、登高の方法も規模も季節も問わない。ただ山に向きあう人間による文化的所産にのみ、対応しようとした。紀行、エッセー、詩歌など文字による表現を主とするが、絵画、写真などの視覚的表現も重視して雑誌の柱のひとつとした。著者は〈文学としての評価に耐えうる文章〉、〈何度でも繰り返して読みたくなる山の文章〉を求める〈文芸的な山の雑誌〉と特徴づける。『アルプ』は揺れることなくその路線を一貫した。雑誌の装幀も、本文のレイアウトも用紙も印刷所も変えなかった。

そんな〈豊饒〉の二十五年を経たが、期待する文章の書き手は減少してしまった。一方、文学を生むはずの山は、観光開発を名目とする破壊にさらされて狭まるばかりだ。状況を悲観的に捉え、積み重ねた営為を誇りつつ、早ばやと〈さわやかな終刊〉を決断するに至るまでを、本書は縦横に活写する。

属人主義的な方法で歴史を叙述

本書の底本は、二〇一三（平成二十五）年十月の刊行だが、版元が著者に執筆を依頼してから、雑誌連載の一年三ヶ月を挟んで十五年を数える。著者の身辺事情を考慮してもなお、かくも長い年月を要した〝難産の書〟である。

本書は、著者自らもその中枢を担った山の文芸誌『アルプ』刊行の二十五年間を、ひとつの〝時代〟と捉える。その内容を、体験として個人的に回顧するのではなく、客観的に記述し、歴史的な評価を試みようとする著作である。しかし、逐年一本槍で通史をたどる、いわゆる歴史書の多くが採る叙述の方法は排した。その方法では、串田を中核に不変の姿勢で二十五年を一貫した『アルプ』の営為を的確に表現できなかったろう。また読み手を惹きつけ続けるのは至難だったろう。

本書は全十四章から成る。その半ばは、時代背景・創刊と終刊・イベント・雑誌から生じた書籍・アルプ美術館など、枠組や柱の説明に当てる。本書における最も特徴的で合点のいく記述は、多彩な執筆者を軸にした属人主義とでもいうべき展開である。

月刊で二十五年、三〇〇号を数える『アルプ』だが、登場した執筆者は六〇〇人をこえる程度だという。特集号、増大号を除けば平常号は六十八ページ、目次には毎号二十人弱の執筆者が掲載順に並んでいるから、延べ人数では優にひと桁増える勘定だ。実人数との差がかくも大きいのは、複数回登場する執筆者が多いからにほかならない。主筆格の串田が一五八回、隔号よりも多い登場は当然としても、二十五回以上、つまり毎年一回は登場したのは三十九人、十回以上は一〇九人もいる。『アルプ』は執筆者を広く求めたが、結果的には固定的で同人誌的傾向が強く、それ故にこそ個性的な雑誌であった。

さて、そのような雑誌を形成し、維持した執筆者群を、著者は、まず分野別に、次いで生年順に列挙して、それぞれの業績を紹介し、自らとの関係を述べ、評価する。

前者は〈「画文」の作者〉——大谷一良、畦地梅太郎、辻まこと、上田哲農ら。〈「歴程」の詩人〉——草野心平、山本太郎、鳥見迅彦、尾崎喜八、串田孫一ら。そして〈登山者でない執筆者〉——宇都宮貞子、岡茂雄、結城信一、吉野せい、三野混沌、神沢利子らを加えている。後者には、〈明治生まれの執筆者〉——武田久吉、中村清太郎、田部重治、河田楨、深田久弥、加藤泰安、冠松次郎、今井雄二ら。〈大正・昭和生まれの執筆者〉——朝比奈菊雄、庄野英二、西丸震哉、近藤信行、泉靖一、田中清光、手塚宗求、蜂谷緑、鷹野照代、宮下啓三らである。

『アルプ』は、このような面々を擁して、あの独特の空気を漂わせていたのだ。本書は、そのイメージを鮮やかに甦らせる有効な記述の方法を採ったといえようが、著者の筆が熱を帯びるのは〈紀行文における虚と実〉である。尾崎喜八と串田孫一、太宰治と井伏鱒二、芭蕉と曽良の作品を題材に展開する紀行文学論。この章は、先述の〈「歴程」の詩人〉の章を併せて本書中の白眉として読んだ。

静観派の系譜

『アルプ』二十五年三〇〇号の業績は、この国の登山史あるいはその文化的系譜に、どのように位置づけられるのだろうか。

さて、本書中〈編集会議〉の章に、〈特集号〉に関する記述がある。『アルプ』第四十五号（一九六一年十一月）の「牧場」に始まり、好評で前後三十五回に及んだ。そのアイデアを得たのが〈随筆誌『山』〉の〈「高原」特集号〉だろうという。

『山』は梓書房が一九三四（昭和九）年一月に創刊、月刊で二年半、三十号で終わった。『アルプ』より縦横とも数ミリ大きい菊判、通常七十ページ前後。巻頭に〈山に関心をもつ諸家の随筆文苑として、香り豊かな山を多面的に再現することを生命とする〉と掲げた。登山記録や情報よりも、エッセー、紀行、調査、研究、詩、画文などを多用する誌面構成で、画家の中川一政が表紙を担当した。

社主は岡茂雄、学術書出版の岡書院に、山岳書出版の梓書房を併設した。この『山』に尾崎も学生時代の串田も稿を寄せていた。そして半世紀後、逆に岡が『アルプ』に『山』の〈「創刊譚」〉などを二十五回も寄稿している。

梓書房は日本山岳会の『山日記』をはじめ、現在なお名著として評価の高い山岳書を二十点ほど刊行した。件の『山』高原特集号は一九三四年十月刊。通常号の三倍、本文二一八ページに及ぶ大冊で、柳田国男、斎藤茂吉ら大家の稿が並ぶ。さらに木暮理太郎、小島烏水、武田らの稿も登場、激しいスポーツ的登山（アルピニズム）の対極に立ち、人の内面深くはたらきかける静的な山歩きを促がす。

岡は、高原特集号刊行の翌三五年八月、霧ヶ峰で「山の会」を開催した（「霧ヶ峰・山の会」『アルプ』一七五号）。深田久弥と『山』編集長を企画・幹事役に、執筆者と聴講者が寝食をともにし、講義と高原逍遥を併せた五泊六日。高原特集号の民俗学者（柳田）、登山家（木暮）、気象台長（藤原咲平）、植物学者（武田）、野鳥研究家（中西悟堂）、詩人（尾崎）らが講師を務め、聴講者も若き日の小林秀雄、大岡昇平、飯塚浩二、さらに石黒忠篤、松方三郎、村井米子ら多士済々であった。

こう見てくると、『アルプ』が『山』に学んだのは、その編集姿勢から「アルプの夕べ」「アルプ教室」など雑誌関連のイベントにまで及ぶのではなかろうか。

前項に列挙した執筆者の顔ぶれからは、さまざまなラインが浮かぶ。たとえば河田楨。尾崎は高村光太郎を敬愛し、徒歩旅行をともに楽しんだが、河田の『一日二日山の旅』(一九二三年刊)、『静かな山の旅』(一九二七年刊)に感銘を受けて山歩きに親しみ、交流を始めた。河田は松井幹雄らが一九二九(大正八)年に設立した霧の旅会の中核におり、尾崎も入会した。会員は大菩薩嶺など東京近郊の低山逍遥を主とし、自然鑑賞、山水雲霧との対話、その文章表現の励行をモットーに活動した。主宰者・松井の没後、会誌名を当てたその遺稿集『霧の旅』(一九三四年刊)の編集実務は尾崎が担った。

武田とともにこの会の名誉会員だった木暮は、田部重治、中村清太郎と明治期、探検的登山で活躍する一方、奥秩父の「深林と渓谷」に日本山岳美の典型を見出す。登山口の山村から下山口までをじっくり味わう山歩きを実践、静観派の元祖と目される。

このようにたどると、頑なに独自路線を一貫した尾崎、串田が引っ張った『アルプ』の二十五年だが、静観派の系譜に大きく括られると見做せるのではなかろうか。その二十世紀最終型とでも言おうか。

（登山史研究家）

執筆者	寄稿数	初出	終出
山室眞二	15	165	297
丸山尚一	14	223	263
植草彦次郎	13	3	177
加藤泰安	13	86	177
金井典美	13	105	224
関根隆	13	174	295
中村登流	13	168	295
堀多恵子	13	146	202
向山雅重	13	96	263
伊勢知貞	12	258	300
岡本寛志	12	45	300
小野忠重	12	191	217
金子民雄	12	160	297
唐沢さつ子	12	108	181
神沢利子	12	160	284
坂本直行	12	6	257
下村兼史	12	27	99
田淵行男	12	85	190
永瀬嘉平	12	275	286
中平郁子	12	162	300
安川茂雄	12	37	200
渡辺公平	12	6	251
大井正	11	205	278
岡部真木子	11	141	286
押野谷美智子	11	180	243
小谷明	11	166	296
小林義正	11	2	189
杉本賢治	11	39	196
滝沢正晴	11	113	260
阿久津哲明	10	146	272
いぬいとみこ	10	194	284
大高慶子	10	79	285
小俣光雄	10	177	298
清棲幸保	10	8	195
澤頭修自	10	226	299

執筆者	寄稿数	初出	終出
杉山貴	10	153	300
高橋孝	10	166	244
龍野咲人	10	45	202
矢内原伊作	10	2	282
宇佐見英治	9	39	251
小林一行	9	73	225
田部重治	9	3	129
長沢一夫	9	240	289
福田常雄	9	218	290
堀内幸枝	9	170	290
飯島庸行	8	154	298
伊東徹秀	8	138	290
伊藤洋三	8	232	251
大森久雄	8	173	300
佐々木斐夫	8	196	300
高橋八十八	8	181	212
田畑吉雄	8	172	299
三門昭彦	8	176	299
森本次男	8	27	91
石黒敦彦	7	196	294
今西祐行	7	222	284
岩満重孝	7	101	136
上田茂春	7	162	295
小島六郎	7	7	200
小谷隆一	7	113	170
四手井綱英	7	200	291
菅野拓也	7	118	265
高須茂	7	87	141
立岡洋二	7	148	267
知念栄喜	7	148	285
諸戸民和	7	208	286
山北哲雄	7	3	53
山崎正一	7	9	261
和田一雄	7	229	249

アルプ1号〜300号　執筆者別寄稿一覧（掲載作品数合計7篇まで）

執筆者	寄稿数	初出	終出	執筆者	寄稿数	初出	終出
串田孫一	158	1	300	草野心平	27	10	299
岡部牧夫（長興）	129	51	300	斐太猪之介	27	39	240
畦地梅太郎	99	2	267	岡茂雄	25	92	300
田中清光	99	4	300	蜂谷緑	25	179	294
大谷一良	86	5	300	泉靖一	24	114	148
宇都宮貞子	77	15	300	周はじめ	24	45	278
三宅修	73	3	300	武田久吉	23	33	178
川崎精雄	66	14	300	石田亘	22	52	300
鳥見迅彦	64	1	300	田中冬二	22	2	253
河田楨	62	1	226	宮川俊彦	22	9	293
尾崎喜八	59	1	196	結城信一	22	10	231
山口耀久	59	1	300	真垣武勝	21	21	233
伊藤和明	57	53	300	石一郎	20	9	292
今井雄二	50	13	225	伊藤海彦	20	81	232
近藤信行	50	73	300	岡田喜秋	20	1	274
庄野英二	48	76	300	冠松次郎	20	4	120
辻まこと	44	5	218	福士季夫	20	52	267
永野英昭	44	23	300	本多勝一	20	269	300
朝比奈菊雄	43	1	300	千坂正郎	19	38	292
青柳健	41	2	300	野尻抱影	19	5	49
村上巌	40	142	300	渡辺兵力	19	2	289
望月達夫	40	9	300	鷹野照代	18	140	300
熊谷（大野）榧	38	26	300	小野木三郎	17	62	298
手塚宗求	38	39	300	藤森栄一	17	107	189
中村朋弘	36	11	300	真壁仁	17	69	285
三田幸夫	36	6	299	山下喜一郎	17	70	289
西丸震哉	35	72	300	岩科小一郎	16	33	249
宮下啓三	34	131	300	尾崎実子	16	196	300
曾宮一念	32	174	300	佐野勇一	16	4	136
山本太郎	31	5	298	直良信夫	16	122	287
丹征昭	30	112	279	深田久弥	16	1	159
一原有徳	29	127	300	上田哲農	15	18	151
大滝重直	29	14	238	島田巽	15	6	299
北原節子	29	45	300	富士川英郎	15	22	300
石川翠	27	99	296	増永迪男	15	212	299

『アルプ』の執筆者表について

＊『アルプ』の執筆者は六百名を大きく超えているが、そのうち総執筆点数が七点以上の寄稿者のみを前ページの表に掲げた。

＊執筆者のなかには、石川欣一、藤木九三、浦松佐美太郎、松方三郎、今西錦司、桑原武夫などの著名な登山家も含まれるが、寄稿点数が足りなかったため表に載せられなかった。

＊寄稿数は次のように数えた。
詩は一号に二篇載っている場合も一点とする。
特集「山のＡＢＣ」（二五〇号および二六七号）への寄稿は一項目と一点とする。
口絵および口絵の対ページの小文、ならびに写真、裏表紙の掌編は表に算入しない。

＊岡部牧夫訳ハインリッヒ・レンデルスハイムの「ロベリア・あるいは到着と出発」の連載は岡部の創作であり、レンデルスハイムなる人物は存在しない。
「自然の本棚」に寄稿している落合藤三郎も岡部牧夫の別名である。

＊この表は杉本賢治氏が作成したものである。

山口耀久（やまぐち・あきひさ）
1926年、東京生まれ。十代のなかごろから登山を始め、戦争末期の44年に有志と獨標登高会を創立し、その初代代表を務める。敗戦の前後は谷川岳の岩場に通ったが、その後は八ヶ岳をはじめとして、後立山不帰II峰東壁、甲斐駒ヶ岳摩利支天中央壁、利尻岳西壁などに開拓の足跡を残した。また山の文芸誌『アルプ』の編集に参加し、串田孫一らと300号の終刊まで委員を務めた。
主な著書に『北八ッ彷徨』『八ヶ岳挽歌』『山頂への道』（ともに平凡社ライブラリー）、訳書にギド・マニョーヌ『ドリュの西壁』（朋文堂）がある。

「アルプ」の時代

二〇一九年七月一日　初版第一刷発行

著　者　山口耀久
発行人　川崎深雪
発行所　株式会社　山と溪谷社
郵便番号　一〇一―〇〇五一
東京都千代田区神田神保町一丁目一〇五番地
http://www.yamakei.co.jp/

■乱丁・落丁のお問合せ先
山と溪谷社自動応答サービス　電話〇三―六八三七―五〇一八
受付時間／十時～十二時、十三時～十七時三十分（土日、祝日を除く）
■内容に関するお問合せ先
山と溪谷社　電話〇三―六七四四―一九〇〇（代表）
■書店・取次様からのお問合せ先
山と溪谷社受注センター　電話〇三―六七四四―一九一九
ファクス〇三―六七四四―一九二七

フォーマットデザイン　岡本一宣デザイン事務所
印刷・製本　株式会社暁印刷
定価はカバーに表示してあります

Printed in Japan ISBN978-4-635-04869-9